Zahlungsunfähig
Pech oder Dummheit

Johanna Sameit

Zahlungsunfähig

Pech oder Dummheit

Bibliographische Information Der Deutschen Bibliothek:
Die Deutsche Bibliothek verzeichnet diese Publikation in der
Deutschen Nationalbibliographie; detaillierte bibliographische
Daten sind im Internet über http://dnb.ddb.de *abrufbar.*

Januar 2014

Copyright © 2014 Johanna Mahmutovic - alle Rechte vorbehalten

Herstellung und Verlag :

BoD - Books on Demand, Norderstedt

Umschlag- und Buchgestaltung: Johanna Mahmutovic/Sameit

e-Mail: johanna-sameit@t-online.de

ISBN: 978-3-7322-5644-0

Inhaltsverzeichnis

„Fordere viel von dir selbst und
erwarte weniger von anderen!
So wird dir Ärger erspart bleiben."
(Konfuzius / VII,117)

Einfache Worte. Eigentlich selbstverständlich von sich selbst viel zu verlangen. Aber wie sieht es in der Praxis aus, bei den täglichen Aufgaben und Anforderungen in allen Lebensbereichen?

Wir verlassen uns immer wieder auf andere Menschen und glauben in einer seltsam naiven Art und Weise, dass eine andere Person ohne egoistische Hintergedanken meine ureigenen Aufgaben für mich verwalten, organisieren und erledigen kann.

Wir werden all zu oft Opfer unserer eigenen Erwartungen und Vorstellungen.

Kein Mensch ist, wie und was ich bin oder du bist, denn jeder Mensch hat seine eigene ganz spezielle Lebensstruktur, seine eigenen Vorstellungen, Empfindungen und Gefühle.

Diese von Natur aus vollkommen unterschiedlichen Lebewesen *„Mensch"* müssen in der Gesellschaft, in großen und kleinen Organisationen miteinander zurechtkommen – leben, lieben und leiden.

Risiken in der Zusammenarbeit und im Zusammenleben gibt es aber immer, denn Menschen – auch Freunde, Geschäftspartner und Mitarbeiter – haben sogenannte *Basisannahmen und Einstellungen* über sich, der Umwelt und über andere Menschen. Manche rechnen von vornherein damit, dass etwas schief geht und sind lieber vorsichtig und risikoscheu. Andere sind dann besonders motiviert, wenn sie Neuland betreten und Unbekanntes entdecken. Sie drängen die Risiken in den Hintergrund.

Wer es geschafft hat, mehr oder weniger kampflos durch die Kinder- und Jugendjahre hindurchzuleiten, möchte nach einer entsprechenden Ausbildung auch etwas bewirken und gelten, tätig sein und reich werden. Von Geburt an reich ist nur eine Minderheit und nicht alle werden es ohne eigene Arbeit auch bleiben.

Es soll hier auch nicht über arm oder reich geredet werden.

Ich möchte vielmehr ergründen, warum motivierte Menschen mit hoher Fachkompetenz und guten Beziehungen in der Gesellschaft, eines Tages doch scheitern und einfach pleite sind. Warum sind manche Personen oder Firmen erfolgreich, während andere mit der gleichen Voraussetzung, gutes Startkapital und am Markt nachgefragte Produkte, scheitern?

Was ist es, das alle guten Vorsätze und Planungen, die nach bestem Wissen und Gewissen erarbeitet und auch praktisch umgesetzt werden, immer wieder zum Scheitern bringt?

Eine klare Antwort ist sicher nicht möglich, aber einige Beispiele aus dem Leben, beruflich und privat, sollen zum Nachdenken anregen.

Der Professor

ist eine Kapazität auf seinem Fachgebiet. Er ist eine angesehene Persönlichkeit, weltgewandt und lehrt an Universitäten im In- und Ausland.

Die Organisation und Verwaltung seiner privaten und beruflichen Belange wurden stets von gut bezahlten Managern und Sekretärinnen durchgeführt. Mit Terminplanungen für Vorlesungen, Reisen, Unterkunft, Verpflegung etc. musste er sich nicht beschäftigen. Auch seine finanziellen Angelegenheiten wurden von den Menschen in seiner Umgebung geregelt. Geld genug war immer vorhanden.

Doch auch das Wissen eines Professors ist eines Tages nicht mehr interessant. Es ist nur eine Ware, die nicht mehr nachgefragt wird.

Die Vorlesungen werden weniger und eines Tages vollständig beendet. Manager und Sekretärinnen sind schnell fort. Auf sich allein gestellt kehrt der Professor in seine Heimatstadt zurück.

Ohne Nachschub schrumpft sein Vermögen langsam aber sicher zusammen. Das Geld ist bald aufgebraucht und ausreichende Vorsorge in Form von Versicherungen oder Kapitalanlagen wurde nicht gemacht.

Nach eigener Aussage hatte er sich nie um sein Geld gekümmert. Er konnte sich nicht selbst organisieren und sein Leben unter Kontrolle halten.

Da er ein umgänglicher und angenehmer Mensch war, konnte er sich zunächst von Freunden und Bekannten Geld leihen. Es kam aber nie etwas zurück, so dass diese Quellen auch nach und nach versiegten.

Er schämte sich für seine eigene Lage und zog sich immer mehr zurück. Das bittere Ende ist die Unterkunft in einem Heim für Obdachlose.

(Ovid/-43 bis 18)

Denn solange du glücklich,
wirst viele Freunde du zählen;
Wenn sich dein Himmel bewölkt,
findest du dich ganz allein.

Die Baufirma,
tätig im Straßen- und Tiefbau, hat gefüllte Auftragsbücher, einen modernen Maschinenpark und qualifizierte Mitarbeiter. Es besteht also kein Grund, sich Sorgen für die Zukunft zu machen.
Die Geschäftsführer sind eng befreundet mit den Bürgermeistern aus den benachbarten Gemeinden. Neue Großaufträge sind so gesichert.
Auch mit dem Vorstand der Hausbank besteht eine freundschaftliche Beziehung. Aufgrund der gesicherten Aufträge von den Kommunen bekommt die Firma günstige Kredite für die Anschaffung moderner Baumaschinen.
Trotzdem ist diese Firma nur ein paar Jahre nach der Gründung zahlungsunfähig und muss Insolvenz anmelden. Warum?
Selbstüberschätzung, Größenwahn und Lobbyismus von ehemaligen Parteigenossen haben verhindert, eine gut organisierte Verwaltung mit funktionierendem Rechnungs- und Mahnwesen aufzubauen.
Das Geld für die ausgeführten Arbeiten hätte hauptsächlich von den Kommunen kommen müssen, doch mit alten Freunden sitzt man gerne bei Bier und Wein zusammen, schickt ihnen aber keine Zahlungserinnerungen und Mahnungen.
Was geschieht in den Köpfen dieser Geschäftsführer, wenn sie mit einer aalglatten Skrupellosigkeit monatelang keine Löhne zahlen, Sozialversicherungsbeiträge nicht abführen und auch den Ver-

pflichtungen gegenüber den Lieferanten nicht nachkommen, aber nach außen hin noch strahlen und glänzen wollen?

Wahrscheinlich sind es menschliche Wesen ohne Sachverstand, getrieben von Größenwahn, ohne Bezug zur Realität. Es fehlt ihnen die Fähigkeit, folgerichtig zu denken und aufgrund der gegebenen Tatsachen die richtigen Schlüsse zu ziehen. Leistung und Gegenleistung, Arbeit gegen Lohn, ist eine Zwangsläufigkeit, das heißt eine zwingende, notwendige Folge, nicht nur im Wirtschaftsleben, auch im gesellschaftlichen Miteinander.

Eigentlich logisch. Oder? Laut Duden denknotwendig, folgerichtig, schlüssig, natürlich, selbstverständlich, klar.

Wenn alles schlüssig und klar ist, warum missachten so viele Firmen und Privatpersonen die Grundregeln von Leistung und Gegenleistung? Woher kommt die schlechte Zahlungsmoral?

Ist es nur Verantwortungslosigkeit und Gleichgültigkeit oder sind es vor allem fehlende kaufmännische Kenntnisse und Selbstüberschätzung?

Fachkompetenz und gute Beziehungen sind keine Garantie für eine erfolgreiche Geschäftsführung. Nur wer das Ineinandergreifen der kaufmännischen und betriebswirtschaftlichen Organisationen erkennt und sein Unternehmen als Einheit sieht, kann mit harter Disziplin und Ausdauer sicher in die Zukunft schauen und erfolgreich werden.

Wenn Menschen aufgrund von politischen oder wirtschaftlichen Gegebenheiten in Positionen geraten, die neue Orientierung verlangen, muss es selbstverständlich sein, sich die Informationen zu beschaffen, die für eine verantwortungsvolle und pflichtbewusste Geschäftsführung erforderlich sind.

Information jeder Art ist immer eine Holschuld, ohne Ausnahme und ohne Ausrede.

Zahlungsmoral

ist ein allgemein gebräuchlicher Begriff, weist jedoch eindeutig hin auf das Wort „Moral".

Laut Duden:

„Gesamtheit von ethisch-sittlichen Normen, Grundsätzen, Werten, die das zwischenmenschliche Verhalten in einer Gesellschaft regulieren, die von ihr als verbindlich akzeptiert werden."

Das zwischenmenschliche Verhalten war immer kompliziert, schwierig, verwickelt, umständlich, und es ist in der heutigen Zeit sehr schwierig und sehr verwickelt. Werte und ethische Grundsätze werden kaum noch verbindlich akzeptiert. Dies können wir in allen gesellschaftlichen und wirtschaftlichen Bereichen täglich beobachten.

Vor allem wenn es um Geld geht, versagt der Verstand der jetzigen Menschheitsgeneration vollkommen.

Geld ist doch eigentlich nur ein Tauschmittel für Leistung und Gegenleistung, für Geben und Nehmen. Trotzdem wird dem Geld ein derart hoher Stellenwert eingeräumt, dass wegen diesem „Phantom" weltweit brutale Verbrechen geschehen. Unsinnige Kriege, Mord, Unterdrückung, Ausbeutung, Versklavung, Umweltverseuchung und viele andere bösartige und sündhafte Vergehen geschehen täglich für Macht, Geld und Gier.

Bleiben wir bei der Zahlungsmoral. Es ist ganz eindeutig zu beobachten, dass seit der Wiedervereinigung die Zahlungsmoral in Deutschland langsam aber sicher gesunken ist. Hierfür gibt es viele Ursachen und viele Gründe. Drei Bereiche möchte ich hervorheben:

1. Der leichtfertige Umgang der Treuhandanstalt mit sehr viel Geld und die daraus entstandenen Möglichkeiten für Betrügereien bei Firmenschließungen und Firmengründungen mit großzügig verteilten Subventionsgeldern.

2. In der ehemaligen DDR gab es kein Rechnungswesen mit periodengerechten Abschlüssen in der betrieblichen und kaufmännischen Verwaltung. Mahnwesen, Umsatz- und Vorsteuerverbuchung und Abführung an den Staat waren unbekannt.

Wenn die Finanzen knapp wurden und das Geld aufgebraucht war, gab es wieder Nachschub vom Staat.

3. Nach der Wiedervereinigung wurden in den Firmen, bei Neugründungen oder bei der Übernahme von westdeutschen Firmen, als Geschäftsführer sehr oft Techniker oder auch ehemalige Soldaten eingesetzt, ohne ausreichende kaufmännische Kenntnisse. Personen mit einer guten betriebswirtschaftlichen und kaufmännischen Ausbildung nach westlichem Standart fehlten für die neuen Verwaltungsaufgaben in den Betrieben.

In meinem Buch „Chaos in Germany" beschreibe ich die unterschiedliche Mentalität und die Auswirkungen, die bis heute für unsere Gesellschaft eine große Rolle spielen, im negativen Sinne.

Es ist nun mal so, dass der Mensch keine Verantwortung für etwas tragen kann, was er nicht kennt, und deshalb auch kein Gefühl dafür entstehen kann, dass es charakterlos und unmoralisch ist, wenn man eine erhaltene Leistung nicht bezahlt.

Dieser Hinweis soll aber nicht im Geringsten sagen, dass nur die Menschen aus den neuen Bundesländern ihre Rechnungen nicht pünktlich bezahlen.

Schlechte Eigenschaften werden schneller und einfacher übernommen und verbreiten sich 100fach schneller als gute Eigenschaften wie Disziplin und Willenskraft.

Es gibt mit Sicherheit hier und dort, oben wie unten „Gute und Böse", Wissende und Unwissende", „Skrupellose und Dummköpfe".

Es bleibt jedermann überlassen, für die eine oder andere Gruppierung Sympathie zu empfinden. Bei meiner langjährigen Arbeit im betrieblichen Rechnungswesen und in der Insolvenzabwicklung kamen mir manchmal die Gedanken, mich zu den Dummköpfen zu zählen.

Ob dumm oder skrupellos, alles ist nicht so schlimm und hat eine so gravierende Auswirkung wie „Gleichgültigkeit".

Bevor ich Gleichgültigkeit im Zusammenhang mit Zahlungsmoral betrachte, ein paar interessante Zitate aus *Wikiquote, der freien Zitatsammlung:*

Gerhard Kohler:
„Das Problem sind nicht die Bösen, sondern die Gleichgültigen".

Ernst Ferstl (einfach kompliziert einfach und Zwischenrufe)
„Die ärgste Krankheit, von der ein Mensch befallen werden kann, ist die Gleichgültigkeit".

„Sobald die Gleichgültigkeit zum täglichen Brot wird, verhungert die Menschlichkeit".

Zenta Maurina (Um des Menschen Willen)
„Gleichgültigkeit ist das größte Laster unserer Zeit, die zivilisierte Form der Rohheit".

Gustav Flaubert (November)
„Vielleicht war meine Gleichgültigkeit nur ein Übermaß an Begierde".

Weiter aus *Wikipedia, der freien Enzyklopädie:*
„Ein gleichgültiger Mensch hat keine oder versagt sich eine eigene Meinung, bildet sich kein Urteil und bewertet nichts. Er zeigt weder positive noch negative Gefühle zu bestimmten Dingen oder Vorkommnissen. Sein Denken ist gewissermaßen „egozentrisch", jedoch nicht aus Bosheit. Vereinfacht ausgedrückt, kann man feststellen: Der gleichgülti-

ge Mensch „bekommt nur wenig mit" und bemerkt nur das, was ihn direkt interessiert. Alles andere „geht an ihm vorbei".

Die Persönlichkeitsmerkmale von gleichgültigen Menschen, egozentrisch und abgestumpft gegenüber selbstverständliche organisatorische und kaufmännische Abläufe im privaten und geschäftlichen Bereich, sind zum großen Teil verantwortlich für die desolate Zahlungsmoral.

Nur unter Berücksichtigung der Gleichgültigkeit ist es nachvollziehbar, dass Menschen, Unternehmer und Privatpersonen, die eingehende Post einfach nicht mehr öffnen. Der gesamte eingehende Schriftverkehr, Briefe, Rechnungen, Mahnungen, Mahnbescheide, Post vom Finanzamt und den Banken lagert stapelweise auf dem Schreibtisch oder füllt Schubfächer und sogar Schuhkartons.

Wen die Bankkonten eines Tages logischerweise gesperrt werden, wacht so manche Person überrascht auf und das Geschrei ist groß, denn Schuld sind natürlich immer die Banken und Ämter.

Es ist nur schwer nachvollziehbar, was sich in den Köpfen und in der Gefühlswelt dieser Menschen abspielt, denn es kann einfach nicht wahr sein, dass so viele zahlungsunfähige Menschen, die aktiv am täglichen Leben teilnehmen, schlicht und einfach dumm sind.

Eine Begründung ist eventuell zu finden in dem letzten Zitat von *Gustav Flaubert:*

„Vielleicht war meine Gleichgültigkeit nur ein Übermaß an Begierde".

Der ständige Drang und Wunsch vieler Menschen, nach außen hin etwas zu gelten, immer besser zu sein, immer präsent zu sein, erfordert sehr viel Energie und Zeitaufwand, so dass kaum Spielraum bleibt für die nach außen nicht sichtbaren, aber unbedingt erforderlichen Verwaltungsaufgaben für die geschäftliche oder private Basisorganisation, sehr oft einfach bezeichnet als „ärgerlicher Schriftkram".

In einer weltweit angelegten Studie wurde vor einigen Jahren versucht, zu ergründen, warum manche Firmen mit den gleichen Bedingungen bezogen auf finanzielle Ausstattung, technische Ausrüstung und Marktnachfrage der Produkte, erfolgreich sind und andere versagen.

Das Ergebnis war eindeutig: Nur Firmen mit einer gut organisierten Verwaltung und einem zeitnahen, gut strukturiertem Rechnungswesen und Controlling sind erfolgreich.

Nur wenn die verantwortlichen Personen übersichtlich und pflichtbewusst denken und handeln, können Schwachstellen erkannt und gemeinsam behoben werden.

Übersichtlich heißt für große und kleine Unternehmen oder Organisationen, die Zusammenhänge und das Zusammenspiel der einzelnen Bereiche und Arbeitsabläufe als Einheit zu sehen und die

Gleichwertigkeit von Verwaltung und betriebswirtschaftlichen Abläufen zu erkennen und auch zu verstehen.

In der Praxis sieht es allerdings mit der Übersichtlichkeit und Gleichwertigkeit oft nicht so rosig aus.

Prestigedenken und das Streben nach Macht dominieren in der Gesellschaft. Von vielen Verantwortlichen wird sogar bewusst daran gearbeitet, durch Trennung der Arbeitsgebiete und Abläufe die Mitarbeiter dumm zu halten.

Die totale Vernetzung mit computergesteuerten Kommunikationssystemen für die internen Abläufe, und extern mit Internet und den immer schneller wachsenden „sozialen Netzwerken" begünstigen den „Verlust des Denkens" ganz rapid. Die Bezeichnung „sozial" für die online Netzwerke ist sehr fragwürdig.

Verwaltungsaufgaben

in den Griff zu bekommen, geschäftlich und privat, und dann auch noch unter Kontrolle zu behalten, ist sicher keine leichte Aufgabe. Schon der leiseste Gedanke: „Ich habe ja noch Zeit, die Briefe zu beantworten, die Bankauszüge zu bearbeiten, die Überweisungen für die Rechnungen auszuführen" usw., ist der erste große Schritt ins Chaos. Die Zeit läuft einfach weiter und ständig kommen neue Aufgaben auf uns zu. Es ist ein Irrweg, auf günstigere Bedingen zu hoffen. Was von außen auf uns zukommt können wir nicht aufhalten, es wird nicht besser und nicht weniger, nur unsere Einstellung zur Sache kann besser werden, wenn wir es wirklich wollen.

Ein altes Sprichwort gilt immer:

„Was du heute kannst besorgen,
das verschiebe nicht auf morgen".

Die zeitnahe Bearbeitung entspricht auch einer bekannten Regel für gute Organisation der Arbeitsabläufe in der Verwaltung, privat und geschäftlich:

„Jeden Beleg, jedes Dokument
nur einmal in die Hand nehmen".

Für eine gute Bewältigung der Geschäftsführung, nicht nur im operativen Bereich, auch der Verwaltungsaufgaben mit einer straffen Organisation des

Rechnungswesens, sind vier Themenbereiche von wesentlicher Bedeutung:
Verantwortung, Disziplin, Neugier, Zeitplanung.

Verantwortung heißt, die Folgen tragen für die eigenen und für die fremden Handlungen.
Moliere sagte:
„Wir sind nicht nur für das verantwortlich, was wir tun, sondern auch für das, was wir nicht tun".
Für die täglichen Arbeitsabläufe bedeutet dies, Rechnungen die nicht bezahlt werden, ungeöffnet auf dem Schreibtisch liegen oder in den Schubfächern verschwinden, belasten nicht nur das eigene Unternehmen, sondern lösen eine Kettenreaktion aus, hinein in die Arbeitsabläufe aller Beteiligten und deren finanzieller Situation.
Rechnungen werden geschrieben wenn eine Lieferung erfolgt, oder eine Leistung erbracht wurde. Es geschieht nicht aus Lust oder Laune um die Geschäftspartner zu ärgern, sondern um mit der erbrachten Lieferung oder Leistung Geld zu verdienen und aktiv am Wirtschaftleben teilzunehmen.
Für Einzelunternehmen ist der Eingang des Geldes für die stets im Voraus erbrachten Leistungen sehr oft die einzige Existenzgrundlage. Unternehmen, die Personal beschäftigen, müssen pünktlich Löhne und Gehälter bezahlen und können sich das Geld dafür auch nicht immer aus der Hosentasche ziehen. Sie sind auf den Geldeingang von ihren Kunden angewiesen.

Mit der Verantwortungslosigkeit und dem fehlenden Gefühl für Pflicht und Ordnung von Unternehmern und Privatpersonen beginnt ein tödlicher Kreislauf. Die Zahlungsmoral hat ihren Tiefpunkt erreicht. Vielleicht kann man auch sagen, diese in der gesamten Gesellschaft verbreitete Gleichgültigkeit ist eine gewisse Beschäftigungstherapie für einen gewaltig ansteigenden Wirtschaftszweig: Personal in den Mahnabteilungen der Firmen, Rechtsanwälte, Inkassobüros, professionelle Geldeintreiber, Gerichte und Gerichtsvollzieher und auch Banken und Ämter werden sicher nicht so schnell arbeitslos.

Wie kann eine Gesellschaft derart entarten, dass vielen zahlungsunwilligen Menschen die Bedeutung von Pflicht und Verantwortung verloren gegangen ist? Man sagte ja auch, Verantwortung hat man oder man hat sie nicht, es liegt scheinbar in den Genen, es ist angeboren. Kann es wirklich so viele Geburtsfehler geben?

Verantwortung heißt, bewusst Entscheidungen treffen, also im Wissen um ihre Voraussetzungen und denkbaren Folgen handeln. Dem gegenüber heißt es zwar: „Die Handlungsfolgen oder die zukünftigen Entwicklungen sind nicht vorab planbar."

Trotzdem möchte ich gerne wissen, was sich in der Gefühls- und Gedankenwelt eines Menschen abspielt, der in der Lage ist, als Geschäftsmann oder Geschäftsfrau tagelang den Briefkasten nicht zu leeren, Mahnbescheide und Post von Ämtern und

Lieferanten auf dem Schreibtisch stapelt, Termine nicht einhält, Androhungen der Hausbank wegen Kontensperrung ignoriert, aber immer noch der Meinung ist: „Ich habe alles im Griff".

Schuldig sind immer die Anderen. Doch die eigene Macht geht weg, sobald ich sage: „Der ist schuld". Mit der Suche nach Schuldigen beruhigen oder betrügen wir all zu leicht unser eigenes schlechtes Gewissen.

Die Konsequenzen aus dem Handeln innerhalb seines Verantwortungsbereichs in Gestalt von Erfolg oder Misserfolg muss jede Person mit sich selbst aufarbeiten. Man kann den Menschen etwas sagen oder raten, doch umsetzen, das heißt tun muss es jeder aus eigener Kraft und Einsicht.

Dante Alighieri: „Der Weg zum Ziel beginnt an dem Tag, an dem du die hundertprozentige Verantwortung für dein Tun übernimmst".

Wer für ein Unternehmen, eine Abteilung, eine Familie oder nur für sich selbst verantwortlich ist, stellt sich Aufgaben und Belange. Diese Aufgaben und Belange eigenverantwortend und selbstbestimmt vertreten und gestalten, heißt Eigenverantwortung tragen und aktiv am gesellschaftlichen Miteinander teilnehmen. Selbstdisziplin und Willensstärke sind hierfür unabdingbare Voraussetzungen.

Disziplin und Ordnung sind die Grundlage dafür, das Leben auch in widrigen Situationen zu meistern, ein Unternehmen erfolgreich zu führen oder die Verantwortung für Menschen in unterschiedlichen Gruppen und Gemeinschaften zu übernehmen.

Disziplin bedeutet Beherrschtheit, Selbstbeherrschung, Kontrolle, Selbstkontrolle und Selbstdisziplin. Diese Eigenschaften garantieren die Fähigkeiten, bestimmte Vorschriften und Verhaltensregeln einzuhalten und sich in die Ordnung von Gruppen und Gemeinschaften einzufügen.

Um wirklich etwas zu erreichen und erfolgreich am Wirtschafts- und Gesellschaftsleben teilzunehmen ist ein ständiges Training erforderlich, den eigenen Willen und die eigenen Gefühle unter Kontrolle zu halten und die oft unliebsamen Neigungen nach Ausreden und Entschuldigungen zu suchen, einzuschränken.

Hierzu zählt auch die Einhaltung der gesetzlichen Vorschriften und Richtlinien, z.B. HGB, und die seit 2004 gültigen Rechnungslegungsvorschriften. Diese Vorschriften enthalten die Angabe der Zahlungsbedingungen wie Hinweise dafür, bis wann der Rechnungsbetrag bezahlt werden muss und ob ein Skontoabzug innerhalb einer gewissen Zahlungsfrist gerechtfertigt ist.

Diese Angaben wurden mit aufgenommen, um ein eindeutiges Mahnverfahren zu gewährleisten, weil klare Vorgaben unberechtigte Skontoabzüge ausschließen, die bei Zuwiderhandlung eingeklagt werden können.

Das Mahnwesen soll aber nicht im Vordergrund meiner Betrachtungen stehen, sondern die vielschichtigen und vielseitigen Ursachen, warum der Zahlungsfluss zwischen Kunden und Lieferanten in den letzten Jahren in Misskredit geraten ist.

Wer regelmäßig Einblicke in die unterschiedlichen Büros von Einzelunternehmern und Kleinbetrieben hat, ist mit Sicherheit oft erstaunt, dass überhaupt noch etwas in den kaufmännischen Abläufen funktioniert oder funktionieren kann.

Wenn es einen guten Schreibtisch gibt, ist er voll belegt mit Werbematerial, Dokumenten, geöffneter und ungeöffneter Post. Leider gibt es all zu oft nicht einmal den Schreibtisch, der groß genug ist für eine übersichtliche Arbeitsmöglichkeit. Ein PC steht zwischen Bergen von Akten auf einem viel zu kleinen Tisch. Der erforderliche Platz, die Arbeitsunterlagen für die Eingabe am PC übersichtlich hinzulegen, muss erst einmal notdürftig geschafft werden. Papierberge beiseite schieben, oder die zu erfassende Bankpost und Kassenbelege einfach auf den „Müll" legen, ist keine Seltenheit.

Regale oder Schränke für eine übersichtliche Ordnerablage, nach Möglichkeit in Sichthöhe, sind Mangelware oder unbekannt. In niedrigen Schränkchen liegen Ordner und Dokumente aufeinander oder voreinander. Ein schneller Zugriff ist selten möglich und die Zeitverschwendung enorm.

Schon der erste Eindruck sagt, hier sind Disziplin und Ordnung Fremdwörter.

Meine Definition von „Organisation" generell und ins Besondere für die Verwaltung zeigt, dass das Gefühl der Menschen ein wichtiger Faktor ist, ob zu den Begriffen, Verantwortung, Ordnung und Disziplin, überhaupt ein Bezug auf emotionaler Ebene hergestellt werden kann.

Mit einfachen Worten gesagt: Viele Menschen leben ohne Bezug zu den Grundpfeilern der geordneten Lebensführung in den Tag hinein und gammeln von einem Missgeschick in das andere. Sie beklagen aber die „böse" Welt und finden schnell Schuldige: Banken, Ämter und Lieferanten, so wie Kunden, die auch nicht pünktlich zahlen können. Nicht selten werden auch Angehörige in den Strudel der liederlichen Lebensführung mit hineingezogen.

Eine Einteilung von Organisation in drei Hauptbereiche:

20% gesetzliche Vorschriften

20% Praktiken und Techniken

60% Gefühle (persönliche Gestaltung),

zeigt sehr deutlich, dass viele Menschen Schwierigkeiten haben, ihre Gefühle und strukturierte sachliche Abläufe in Harmonie zu bringen.

Obwohl meistens ausreichende Kenntnisse vorhanden sind über *gesetzliche Vorschriften* wie Steuergesetze, Datenschutzgesetze, feste Termine für Steuern und Abgaben, und *Praktiken und Techniken,* z.B. Programme für Buchhaltung, Lohn, Verkauf, Einkauf, Ablagesysteme wie Ordner, Mappen, Register und Darstellungsformen für Tabellen und Diagramme, verhindern die eigenen Gefühle klare Entscheidungen für einheitliches Vorgehen bei notwendigen Arbeitsabläufen, Terminplanungen und Prioritäten setzen. Die Zuverlässigkeit gegenüber Geschäftspartnern und Familie leidet darunter, wenn aufgrund einer inneren Abneigung gegenüber Verwaltungsaufgaben die Gefühle stärker sind als der Verstand.

Wichtige Hilfsmittel für das operative Geschäft und auch für die Verwaltung können Ablaufpläne sein für die Arbeitsfolge, Arbeitsschritte und vor allem für die Zeitplanung. Dis gilt nicht nur für größere Projekte, sondern auch für die tägliche Routinearbeit in allen Geschäftsbereichen.

Die Einhaltung einer Grundordnung im Geschäftsleben und im privaten Bereich erfordert ein hohes Maß an Disziplin und Willensstärke. Willensstärke ist auch die Voraussetzung für Selbstbeherrschung und Selbstdisziplin.

Hierzu aus *Wikipedia, der freien Enzyklopädie:*

„Selbstdisziplin und Selbstbeherrschung bezeichnet ein stetiges und eigenkontrolliertes Verhalten, das einen Ordnungszustand aufrechterhält oder schafft, indem es Anstrengungen aufwendet, die den vorherrschenden individuellen und äußeren Ablenkungen von einer einzuhaltenden Zielvorgabe entgegenwirken. Die damit verbundene Zurückstellung eigener Bedürfnisse oder beabsichtigter Handlungen erfolgt hierbei zugunsten der Einhaltung von ethischen, religiösen oder rationalen Richtlinien, sowie einem Verhalten, das den logischen Konsequenzen dieser Richtlinien Rechnung trägt."

Was hat dies mit Zahlungsmoral und Zahlungsunfähigkeit zu tun? Für disziplinierte Menschen ist es selbstverständlich, dass sie Geschäftspartnern den Respekt und die Achtung entgegenbringen und die in Anspruch genommenen Leistungen bezahlen.

Natürlich können immer unvorhergesehene Schwierigkeiten auftreten, wie tragische Schicksalsschläge, Krankheit und Todesfälle, Probleme bei der Ausführung der eigenen Arbeit, so dass sich Geldeingänge verzögern oder ganz ausbleiben. Doch mit Selbstdisziplin und Selbstbeherrschung können viele Lösungen mit Geschäftspartnern, Banken und Ämtern gefunden werden, so dass die Welt nicht in Stücke bricht, wenn man nicht aus dem Vollen schöpfen kann.

Schwierig wird es aber, wenn die persönlichen Belange wie Urlaub, Vergnügen, Unterhaltung, private Anschaffungen, in übertriebenem Maße vorkommen und nicht zurückgestellt werden können, wenn ständig über die eigenen finanziellen Verhältnisse gelebt wird.

Wer in der Lifestyle- und Konsumgesellschaft gefangen ist, wird nur schwer Disziplin üben können
und sich verantwortungsvoll verhalten.
Während meiner Seminare an der Volkshochschule
(2005 bis 2011) zum Thema „Selbstständig und erfolgreich" (ISBN: 978-3-9809780-3-3) habe ich den
Teilnehmern, Neugründern und Jungunterneh-
mern, klar und deutlich gesagt:
„Wenn sie nicht in der Lage sind, sich während der
ersten fünf Jahre voll und ganz auf den Aufbau und
die Stabilisierung ihres Unternehmens zu konzent-
rieren und immer wieder den eigenen Wünschen
und anderen Volksbelustigungen nachlaufen, werden sie nie ein erfolgreicher Unternehmer oder eine
erfolgreiche Unternehmerin. Auch wenn andere
Personen für sie arbeiten, werden sie nur erfolgreich, wenn sie die Kontrolle über alle Geschäftsab-
läufe gewinnen und auch behalten".
Mit dieser Voraussetzung, Kontrolle gewinnen und
behalten, ist man automatisch zahlungswillig und
zahlungsfähig.
Das dies keine leichte Angelegenheit ist und ohne
Willenskraft nicht erreicht werden kann, sagt auch
schon *William McDougal (1871- 1938 britisch-
amerikanischer Psychologe) in seinem Buch: Charakter und
Lebensführung:*
„Es ist traurig, zu beobachten, wie viele Misserfolge
im Leben letzten Endes auf die unbedeutendsten
Ursachen zurückzuführen sind und ohne besonde-

ren Aufwand an Verstand und Willenskraft hätten vermieden werden können."

„Mache dir einen Lebensplan und verfolge ihn konsequent; sei dabei unbeugbar in deinem Ziel, aber beweglich in den Mitteln."

„Es steht fest, dass Übung jede Funktion stärkt, während Vernachlässigung dazu führt, dass sie verhältnismäßig unterentwickelt bleibt oder gar dem Verfall oder der Verkümmerung ausgeliefert wird". (Alles aus „Charakter und Lebensführung).

Neugier und Interesse bieten eine gute Unterstützung dafür, dass es nicht zur Vernachlässigung und Verkümmerung kommt. Neugier und Interesse sind Eigenschaften, die aktive und flexible Menschen auszeichnen. Wer Angst hat vor neuen Entwicklungen, nur nach alten Gewohnheiten und Regeln lebt, verliert Flexibilität.

Unser Gehirn muss ständig mit neuen Informationen trainiert werden. So bleibt es reaktionsfähig wenn es sich auf neue Situationen einstellen muss. Eine Situation kann sein: Die eigenen Kunden bezahlen meine Rechnungen nicht. Ich unternehme nichts, sondern überweise den Lieferanten ihre Rechnungsbeträge auch nicht. Schon beginnt ein tödlicher Kreislauf.

Ich kann aber auch Interesse zeigen und mit Kunden und Lieferanten einen guten Kontakt pflegen um die Angelegenheit wieder ins richtige Licht zu rücken.

Außerdem sollte ich immer neugierig sein bezogen auf mich selbst. Wie gehe ich mit der Situation um? Gerate ich in Stress oder bewahre ich die Ruhe, um sachlich und verantwortungsvoll nach einer Lösung für den Zahlungsengpass zu suchen. Wie reagiert mein Kunde, wenn ich nicht herumschreie, sondern höflich und gelassen um seine Unterstützung bei der Lösung des Problems bitte, oder ihm meine Hilfe anbiete?

Sie werden sehen, plötzlich findet der Kunde eine Möglichkeit, Geld zu besorgen und meine Rechnung zu bezahlen, denn Erkenntnis und Einsichtvermögen steckt in jedem Menschen. Impulse von außen und unterschiedliche Reize müssen das Einsichtvermögen lebendig halten.

Interesse und Neugier können bewirken, dass in der ungeliebten, für nicht wichtig gehaltenen Verwaltungsarbeit plötzlich ein Sinn erkannt wird. Wenn man sich dann regelmäßig in festgelegten Zeitabständen mit Freude dieser Arbeit zuwendet, ist dies die beste Ausgangssituation für eine Leistungssteigerung. Mit klaren Ergebnissen auf dem Papier, oder PC, und geordneten Arbeitsabläufen im Rechnungswesen entsteht ein neues Gefühl für das eigene Unternehmen und es wird selbstverständlich, sich klare Ziele zu setzen und daran festzuhalten.

Nicht nur der Verantwortungsträger selbst, sondern auch seine Umgebung wie Familie mit Partner und

Kindern und der Freundeskreis profitieren davon, wenn Zufriedenheit, Verständnis und Gelassenheit ausgestrahlt werden.

Zeitplanung

und Termine einhalten sind immer wieder neu diskutierte Themen. Nicht eingehaltene Termine und ständige Änderung der Zeitvorgaben sind ein sehr großes Übel, denn sie stören ja nicht nur den eigenen Tages- und Arbeitsablauf, sondern beeinträchtigen auch die Zeitplanungen der beteiligten Personen.

Es ist nicht ausgeschlossen, dass unpünktliche Menschen auch die schlechten Zahler sind, weil ihnen wahrscheinlich das Gefühl für Zeit, Termine und das damit verbundene Pflichtgefühl fehlt.

„ich habe keine Zeit" ist eine sehr leichtfertig und gleichgültig ausgesprochene Redewendung. Jeder von uns hat die gleiche Zeit, von der Geburt bis zum Tod. Die Frage ist lediglich, was macht der einzelne Mensch mit seiner Zeit? Wie füllt er sie aus? Wie bewegt er sich auf seiner Zeitskala? Hat der Mensch einen guten Bezug zu seiner Vergangenheit und klare Vorstellungen von der Zukunft, dann bewegt er sich in der Gegenwart mit einer verantwortungsvollen Gelassenheit und kann Prioritäten setzen. Wichtig ist vieles, Dringliches hat Vorrang (Wasserrohrbruch, Notoperation etc.). Notwendiges benötigt aber einen festen Platz im Fluss der Zeit. Notwendiges ist grundsätzlich immer die übersichtliche Verwaltung von allen Organisationen, ob Familie, Kindergarten, Handwerksbetrieb, Landwirtschaft, Gastronomie oder irgend ein Großbetrieb.

Dies ist für viele Menschen keine leichte Aufgabe. Vor allem impulsive Menschen, die nur in der Gegenwart leben und sich von Stress und Hektik treiben lassen, immer alles sofort haben oder machen wollen, werden zum Opfer des Jetzt. Verwaltungsaufgaben, die an feste Termine gebunden sind und daher einer strukturierten Zeitplanung unterliegen, sind für diese Menschen der perfekte Horror. Sie werden immer reichlich Ausreden bereit halten, um zu verhindern, in einem regelmäßigen Zeitrahmen Büroarbeiten zu erledigen.

Je nach Branche gibt es regelmäßig tausend Ausnahmen, was alles schnell getan werden muss. Hinzu kommt der private Bereich, der ständig irgendwelche Aktivitäten abverlangt. Immer in Bewegung, viel beschäftigt, aber unfähig, auch mal eine Stunde auf dem Hintern sitzen zu bleiben und die Bankauszüge zu prüfen, Posteingang zu öffnen, Entscheidungen zu treffen und die Bezahlung der Rechnungen anzuweisen.

Der gegenwartsbezogene Mensch lebt wie ein Spieler, er orientiert sich nicht an Erfahrungen aus der Vergangenheit und kann die Ergebnisse seiner Handlungen für die Zukunft nicht abschätzen. Ein erfolgreicher Geschäftsmann versteht es, sich gleichermaßen an Vergangenheit, Gegenwart und Zukunft zu orientieren und lebt und handelt in Harmonie mit der Zeit.

Wie erkennt ein Mensch, der aufgrund seines schulischen und beruflichen Werdegangs voll Motivation und mit guten Ideen in die Selbstständigkeit strebt, oder eine verantwortungsvolle Position in einem Großbetrieb bekommt, ob er ein erfolgreicher Geschäftsmann oder Manager werden kann? Beginnen Sie bei den einfachen Dingen des alltäglichen Lebens und stellen sich die Frage: „Wie gut bin ich in der Lage, die Wahrscheinlichkeit von Erfolg und Misserfolg abzuschätzen".

Wie schätzen Sie folgende Zeitfallen für Ihre Lebenssituation ein:

Beherrscht von der Vergangenheit
(Depression und Nostalgie)

Die Tyrannei der Gegenwart
(Impulsivität, Immobilität, Langeweile)

Die Tyrannei der Zukunft
(Ängste und Phantastereien)

Die psychologischen Hintergründe für die Zeitfallen können Sie nachlesen in „Der Zeitfaktor" von Mark L. Stein.

Niemand von uns ist davor geschützt, in die eine oder andere Zeitfalle zu geraten und auf den Wogen der Gefühle fortgerissen zu werden. Nur mit Willensstärke und Disziplin kann man den harten Anforderungen im Geschäftsleben und im gesellschaftlichen Miteinander standhalten und im täglichen Umgang miteinander seine Aufgaben erfüllen.

Pünktlichkeit ist für viele Menschen eine selbstverständliche Angelegenheit während andere Personen grundsätzlich zu vereinbarten Terminen verspätet erscheinen.

Erst vor kurzer Zeit habe ich einem Geschäftsmann, der zum ersten Termin nicht kam und das zweite Mal über eine Stunde später eintraf, folgenden Brief geschrieben:

Sehr geehrter Herr ....,

im Anschluss an das Gespräch vom .... teile ich Ihnen mit, dass ich keine weiteren Verhandlungen mit Ihnen wünsche.
Der Grund hierfür ist ausschließlich Ihre Terminplanung.

1955 sagte unser Mathelehrer in der Abschlussfeier zu uns: „Wenn ihr pünktlich seid und mit Menschen zu tun habt, die es nicht sind, trennt euch sofort. Ihr erspart euch und den Geschäftspartnern viel Zeit und Ärger. Ihr werdet euch nie verstehen.

In diesem Sinne alles Gute und viel Erfolg für Ihre Firma.

Mit freundlichen Grüßen

Es genügt zu sagen, von Natur aus einerseits pünktliche und andererseits unpünktliche Menschen werden nie auf einen Nenner kommen, denn sie bewegen sich auf weit voneinander entfernte Wellenlängen.

Aber unser Lehrer hat damals noch mehr gesagt:

„Unpünktliche Menschen sind in gewisser Weise charakterlos, es fehlt ihnen ein Maß für Anstand und Achtung den Gesprächsteilnehmern gegenüber. Sie sind nur mit sich selbst beschäftigt.

Wenn ihr euer erstes Rendezvous habt und ihr wartet am vereinbarten Ort 10 Minuten, 20 Minuten oder sogar 30 Minuten, dann wird euere innere Unruhe größer und größer, oft entstehen auch Sorgen, ob wohl etwas Ungutes vorgefallen ist.

Was geschieht aber? Der unpünktliche Partner kommt nach 40 Minuten lachend und freudestrahlend an. Er ist sich seines Fehlverhaltens in keiner Weise bewusst, sondern wundert sich noch über euere Aufregung. Trefft euch nie wieder mit dieser Person, denn kein Mensch kann verstehen, was er nicht kennt und zu dem er keinen emotionalen und gefühlsmäßigen Zugang hat".

Der fehlende emotionale Zugang zu Pünktlichkeit und zu geordneten Abläufen ist mit Sicherheit auch ein Faktor in Bezug auf Zahlungsmoral.

An dieser Stelle kann die frage etwas genauer betrachtet werden: „Pech oder Dummheit".

Ist es Pech, wenn ein Mensch so sehr mit sich selbst beschäftigt ist, dass er gefühlsmäßig keinen Zugang zu einem geordneten Miteinander im privaten und geschäftlichen Bereich findet und nicht fähig ist, seinen Mitmenschen und Geschäftspartnern den notwendigen Respekt entgegen zu bringen?

Liegt es einfach nur in seinem Wesen, wenn er zahlungsunfähig wird und in Not gerät?

Oder ist es Dummheit, gepaart mit Überheblichkeit und Arroganz, wenn Menschen ohne Gefühl für Recht und Ordnung und ohne Achtung vor ihren Mitmenschen ein eigenes Unternehmen anstreben um sich auf Kosten anderer zu bereichern? Mit Sicherheit ist meistens die entsprechende Fachkompetenz vorhanden. Doch dies alleine genügt nicht, erfolgreich zu sein.

Es spielt keine Rolle, in welcher Branche das Unternehmen tätig ist und wie groß es ist, immer sind vier grundlegende Bereiche zu berücksichtigen:

Geschäftsführung: Verantwortlich für die Unternehmensphilosophie, Finanzen, Steuern, Unternehmensstruktur etc.

Verwaltung: Zuständig für die grundlegende Organisation mit Aufbau- und Ablauforganisation, das Rechnungswesen, das Personalwesen und die Kommunikationswege und Mittel, wie EDV, Bürogeräte und Internet.

Lieferung und Leistung: Definition der Dienstleistungen und Produktgruppen und Einkaufswege, Kalkulation, Kostenrechnung.

Werbung und Vertrieb: Werbung, Kundenbetreuung, Marktforschung, Vertriebswege festlegen.

Auch ein Einzelunternehmer muss diese vier Bereiche als Grundlage seines Unternehmens sehen. Ein Handwerker ist zwar kein Buchhalter und ein Buchhalter kein Vertriebs- und Werbespezialist, ein

Einzelunternehmer muss aber alle vier Bereiche im Zusammenhang überschauen und kennen und vor allem die kaufmännischen Spielregeln und gesetzlichen Vorschriften einhalten.

Dies zu unterschätzen oder aus Überheblichkeit zu ignorieren ist mit Sicherheit eine große Dummheit, die eines Tages zur Zahlungsunfähigkeit und Insolvenz führen kann.

„Das hat man mir nicht gesagt, oder „das habe ich nicht gewusst", gilt nicht und gibt es nicht, denn Information ist immer eine Holschuld. Das Leben ist wie ein Pokerspiel. Wer dabei sein möchte und etwas bewirken will, muss die Spielregeln kennen oder verlieren.

Tätigkeit ist ein menschliches Grundbedürfnis. Wer ehrlich, aufrichtig und gewissenhaft mit viel Motivation und Freude seine Aufgaben erfüllt, wird auch Geld verdienen. Wer aber seine Tätigkeit rücksichtslos und skrupellos angeht, um auf Kosten anderer Menschen reich zu werden, läuft mit Sicherheit eines Tages gegen die Wand oder in ein noch größeres Elend.

Mögliche Lösungen

für eine ordnungsgemäße Organisation der Verwaltung und dem sachgemäßen Umgang mit Geld, Belegen, Dokumenten und Akten muss jeder geistig gesunde Mensch trotz unterschiedlicher psychologischer Hintergründe im geschäftlichen wie im privaten Bereich für sich selbst finden, festlegen und vor allem auch daran festhalten.

Was im Innern eines Menschen zu verarbeiten ist, muss jeder mit sich persönlich ausmachen, nur er trägt die Verantwortung dafür, was mit ihm geschieht. Die Kraft dafür hierfür steckt in jedem von uns.

„Der einzige Mensch, der verhindern kann,
dass meine Träume in Erfüllung gehen, bin ich".

Anders steht es mit den äußeren Abläufen, der Teilhabe am geschäftlichen und gesellschaftlichen Miteinander. Hier kann nicht jeder tun und lassen was er will. Hier gelten Normen und Formen, die sich Privatpersonen und Geschäftsleute zu eigen machen müssen, um erfolgreich und mitbestimmend zu schaffen und zu wirken.

Es gibt genügend große und kleine Hilfsmittel und Anleitungen, die Organisation der täglichen Abläufe im operativen Bereich und im Verwaltungsbereich zu gestalten und zu kontrollieren.

Mein eigenes Buch *„Selbstständig und erfolgreich"* (siehe Anhang) zeigt mit einfachen Schaubildern und klaren Worten, wie jede steuerpflichtige Person den leidigen „Schriftkram" unter Kontrolle bekommen kann. Vom Beleg bis zum Jahresabschluss gibt es Hilfestellungen für die Eigenorganisation.

Wichtig ist immer der erste Schritt, bei einer Reise, beim Hausbau und bei dem Aufbau einer guten Organisation. Wir beginnen immer mit dem Fundament und nicht mit dem goldenen Dach, dem Reiseziel oder der jährlichen Steuererklärung.

Für die kaufmännische oder die persönliche Verwaltung, dem Geldfluss, gibt es vier Grundpfeiler. Diese vier Grundpfeiler sind schlicht und einfach vier Ordner. Je ein Ordner für die Kontoauszüge der Bank, die Kassenbelege (Barzahlungen), den Rechnungseingang und den Rechnungsausgang.

Kontoauszüge immer periodengerecht, das heißt mindestens monatlich, nach Bedarf öfter ausdrucken, prüfen und im Bankordner ablegen.

Kassenbelege sind Quittungen oder Rechnungen, die mit Bargeld bezahlt wurden. Diese Belege, zum Beispiel Tankbelege, Quittungen für Parkgebühren, Bewirtungsspesen, Porto etc., <u>immer sofort lochen und nach Datum</u> im Kassenordner einordnen.

Die Kassenbeleg nie in Schubfächern, Mappen oder Folien verschwinden lassen. Die sofortige Ordnerablage nach Datum erspart sehr viel Zeit und ist bereits die Grundlage für ein ordnungsgemäß zu führendes Kassenbuch, egal ob in Papierform oder mit dem Personalcomputer unter Anwendung von Excel oder einem Buchhaltungsprogramm.

Ein Bekannter erzählte mir seine Story mit seinen vielen Kassenbelegen, Kontoauszügen und Rechnungen. Gut ein Jahr nach seiner Geschäftsgründung nahm er Kontakt auf zu einem Steuerberater, der den Jahresabschluss erstellen sollte. Zum Termin ging er mit einem Schuhkarton voll Belegen und in Klarsichtfolien gestopfte Kontoauszüge.

Der Steuerberater fragte ihn: „Diese Unterlagen soll ich jetzt für Sie bearbeiten"? Seine Antwort war: „Ja, deshalb bin ich ja hier". „Gut", sagte der Steuerberater, schaute auf seine Uhr: „Es ist jetzt 16:00 Uhr". Dann nahm er den Karton, schüttete die Belege auf den Tisch und begann damit, sie nach Datum zu sortieren.

Er hielt aber bald inne und sagte: „Guter Mann, schauen Sie, was ich jetzt erst mache, und rechnen sie aus, wie viel Zeit ich nur für die Sortierung der Belege benötige. Sie kennen mein Stundenhonorar. Ist es wirklich Ihre Absicht, mir diese Arbeit zu bezahlen"?

Das war es natürlich nicht. Der Bekannte nahm die Belege wieder mit nach Hause und sortierte sie selbst, an einem Sonntag in fünf Stunden.

Dieser Vorgang ist ein gutes Beispiel dafür, dass eine gewissenhafte, fachkundige Verwaltungsarbeit von sehr, sehr vielen Menschen vollkommen unterschätzt wird.

Nehmen sie deshalb Punkt drei und vier ernst.

Rechnungseingang

Alle eingehenden Rechnungen für Wareneinkäufe und Dienstleistungen, die mit einer Banküberweisung bezahlt, oder per Abbuchungsauftrag und Lastschriftseinzug vom Konto abgebucht wurden, z.B. Versicherungen und Telefonrechnungen, werden in einem Ordner „Eingangsrechnungen" alphabetisch abgelegt (Register A-Z). Eine schnelle Übersicht bei Rückfragen oder für eigene Recherchen ist damit gewährleistet.

Allerdings nur, wenn man ein gewisses Gefühl für die alphabetische Ablage besitzt, und nicht auf die Idee kommt, zum Beispiel eine Rechnung für ein **F**ortbildungs**s**eminar bei der **IHK** unter **F** oder unter **S** ablegt, anstatt unter **I** – für **I**HK. Es ist wirklich erstaunlich, wie unterschiedlich und vielseitig eine alphabetische Ablage gehandhabt werden kann. Grundsätzlich ist immer der erste Buchstabe des Firmennamens oder des Nachnamens maßgebend, und zwar des Namens, der als Absender auf der Rechnung angegeben ist.

Rechnungsausgang wird gehandhabt wie Rechnungseingang, Ablage alphabetisch für Rechnungen an Kunden und für Verträge, die einen Zahlungseingang auf dem Bankkonto bewirken. Je nach Branche, Handwerker, Berater, Gastronomie oder Einzelhandel, wird dieser Ordner mehr oder weniger gefüllt sein.

Die Organisation für die Ablage und Vorlage von bezahlten und unbezahlten Rechnungen ist ein sehr wichtiger Bereich, aber abhängig von dem Zahlungsverhalten des jeweiligen Betriebes und der Anzahl der nicht bezahlten Rechnungen.

Hier sind wir direkt bei dem Thema „Zahlungsunfähigkeit" oder die Unfähigkeit, den Zahlungsfluss richtig zu steuern. Der Betrieb ist ja nicht nur dafür verantwortlich, den eigenen Zahlungsverpflichtungen pünktlich nachzukommen, sondern er muss auch dafür Sorge tragen, dass seine Lieferungen oder Dienstleistungen von seinen Kunden pünktlich bezahlt werden.

Für die eigenen Zahlungsverpflichtungen ist eine gut geführte Terminmappe oder ein Ordner mit den offenen Rechnungen erforderlich. Regelmäßige Zahlungstermine und zeitnahe Überwachung der Zahlungseingänge gewährleisten eine gute Übersicht über Außenstände und Verbindlichkeiten. Je nach Liquidität müssen Prioritäten gesetzt werden, um bei Engpässen rechtzeitig mit Lieferanten und Banken zu verhandeln.

Wer aber die Übersicht verliert, seine Eingangspost nicht mehr öffnet und es darauf ankommen lässt, dass Mahnbescheide geschickt werden, oft nur für wenige Euro, der macht mit Gewissheit den ersten Schritt in den Abgrund.

Tragisch wird es besonders, wenn Lohnzahlungen ausbleiben und Sozialversicherungsbeiträge und Steuern nicht pünktlich oder gar nicht abgeführt werden. Vielleicht sollte man auch sagen, es ist nicht tragisch, sondern rücksichtslos und skrupellos, wenn Unternehmer vor lauter Verblendung und Machtgier ihr Unternehmen auf Kosten von Arbeitnehmern und Lieferanten führen wollen. Schuld sind zum Schluss die Banken, wenn die Konten gesperrt werden und die Insolvenz doch angemeldet werden muss.

Es gibt aber auch eine andere Sichtweise. Schuldig machen sich wirklich die Banken, die Krankenkassen, Finanzämter und die gutmütigen Lieferanten, wenn sie bis zum letzten Atemzug eines Betriebes Kredite und Zahlungsaufschub gewähren und die Schlamperei der Verantwortlichen dulden.

Genau genommen, wird in allen Bereichen nicht konsequent gearbeitet. Die Mitarbeiter bei Banken und Ämtern sind leider all zu oft nicht in der Lage, die Abläufe in der Praxis und die tatsächliche finanzielle Situation der Betriebe und der Selbstständigen als Kleinunternehmer richtig zu beurteilen.

Zur Aufrecherhaltung der eigenen Zahlungsfähigkeit und die Überwachung der Kundenforderungen kann auch ein Kleinbetrieb ein einfaches, übersichtliches Mahnwesen einrichten.

In meinem Buch "Selbstständig und erfolgreich" beschreibe ich auf Seite 81 bis Seite 85 das Mahnwesen von der ersten Mahnung bis zum gerichtlichen Mahnverfahren. Nachfolgend sehen Sie eine Übersicht der Abläufe im Mahnwesen vom ersten Schreiben bis zum Mahnbescheid.

Wichtig ist, beginnen Sie bei Zahlungsverzug Ihrer Kunden sofort, konsequent und sachlich richtig mit den einzelnen Mahnschritten. Achten Sie darauf, dass bereits im ersten Anschreiben alle gesetzlich relevanten Daten angegeben werden, damit die Voraussetzungen für eine eventuelle gerichtliche Auseinandersetzung, für ein Inkassobüro oder für den Rechtsanwalt gegeben sind.

Dieser Grundsatz, von Beginn an alle wichtigen Daten zu vermerken, gilt nicht nur für Mahnungen, sondern auch für Mängelrügen (Reklamationen für schlechte oder falsche Lieferungen), Verträge mit Versicherungen und für alle wichtigen und notwendigen Dokumente im Geschäftsleben und im privaten Bereich. Wenn es zum Rechtsstreit kommt, hat es Ihr Rechtsanwalt leichter, Sie gut und schnell zu vertreten.

Wie schon erwähnt, wir sind nicht nur verantwortlich dafür, was wir machen, sondern auch dafür, was wir nicht machen.

Wenn der Forderungseingang nicht überwacht wird und deshalb die Löhne nicht pünktlich bezahlt werden können, ist es ein verantwortungsloses Verhalten. Die Arbeitnehmer müssen ja auch ihren Verpflichtungen nachkommen und geraten durch die Nachlässigkeit und Rücksichtslosigkeit mancher Chefs selbst in Zahlungsschwierigkeiten.

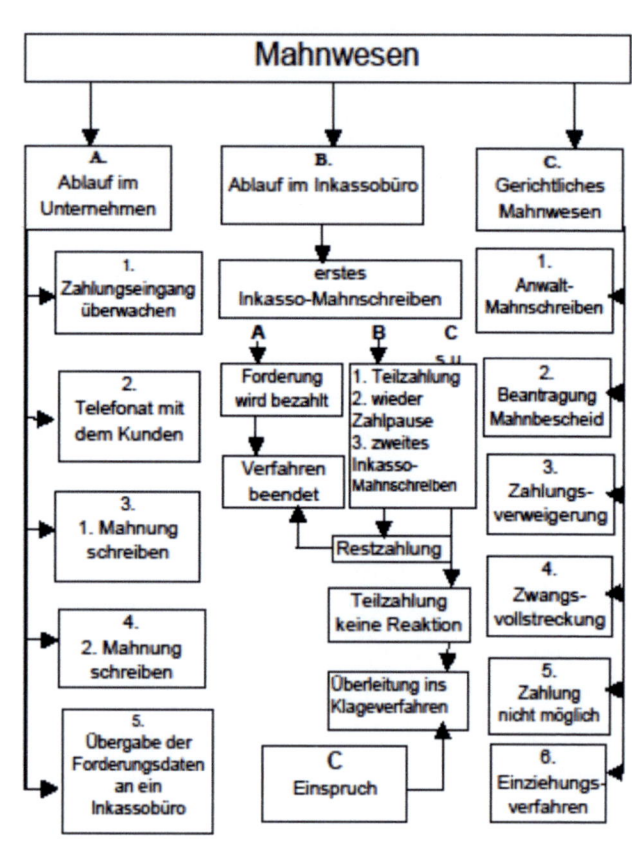

Mahnwesen

A. Ablauf im Unternehmen

B. Ablauf im Inkassobüro

C. Gerichtliches Mahnwesen

A.
1. Zahlungseingang überwachen
2. Telefonat mit dem Kunden
3. 1. Mahnung schreiben
4. 2. Mahnung schreiben
5. Übergabe der Forderungsdaten an ein Inkassobüro

B.
erstes Inkasso-Mahnschreiben

A Forderung wird bezahlt → Verfahren beendet

B / **C** s.u.
1. Teilzahlung
2. wieder Zahlpause
3. zweites Inkasso-Mahnschreiben

Restzahlung

Teilzahlung keine Reaktion

Überleitung ins Klageverfahren

C Einspruch

C.
1. Anwalt-Mahnschreiben
2. Beantragung Mahnbescheid
3. Zahlungsverweigerung
4. Zwangsvollstreckung
5. Zahlung nicht möglich
6. Einziehungsverfahren

Zahlungsunfähigkeit

gefördert durch den Handel, den Versicherungen und Banken und folgerichtig auch der Politik kann man aus den zwei nachfolgenden Artikeln ersehen: Am 03.04.2013 erschienen unter: www.t-online.de/wirtschaft/Versicherung und/ Unternehmer zwei lesenswerte Artikel.

„Krankenkassen: Immer mehr Versicherte zahlen nicht", und „Kauf auf Pump: Für Banken und Handel immer wichtiger".

Immer mehr Versicherte zahlen nicht ist schon eine kritische Angelegenheit. Die Krankenkassen und auch die Politik sind hier die Hauptschuldigen. Abhängig Beschäftigten in den Betrieben und auch pflichtversicherten Rentnern wird die Krankenversicherung vor Auszahlung des Lohns oder der Rente abgezogen und einbehalten. Freiwillig Versicherte zahlen einfach nicht. Was soll das? Dies ist wirklich eine Schlamperei der Krankenkassen oder des gesamten Sozialsystems.

Wenn für Selbstständige und Unternehmer die Belastung der Sozialversicherung scheinbar zu hoch ist, können sie auch nicht selbstständig tätig sein und verantwortungsvoll am Wirtschaftsleben teilnehmen.

Natürlich sind die Beiträge für Kranken- und Rentenverssicherung nicht zu unterschätzende Ausgaben. Aber diese Beträge wurden ja zu Beginn der Selbstständigkeit, ob gewerblich oder freiberuflich, im Businessplan und in der Rentabilitätsvorschau mit eingearbeitet.

Wenn Träume nicht wahr werden, muss man halt Insolvenz anmelden und sich vom Staat versorgen lassen. Vor Schicksalsschlägen, die ohne Ausnahme jedermann zu jeder Zeit treffen können, ist niemand sicher. Es ist aber immer unsere persönliche Entscheidung, wie wir unser Leben nach einer Niederlage gestalten wollen.

Beginnen wir zu jammern, bekommen wir irgend eine Depression, die in unterschiedlichen Varianten zur Verfügung steht, oder sagen wir „jetzt erst recht ich bin ein Mensch und will menschenwürdig leben"?

Albert Schweitzer (4.1.1875 – 14.9.1965) sagt mit sehr eindrucksvollen Worten in seiner Niederschrift „Freiheit":

„Ich will unter keinen Umständen ein Allerweltsmensch sein. Ich habe ein Recht darauf, aus dem Rahmen zu fallen, wenn ich es kann. Ich wünsche mir Chancen, nicht Sicherheiten.
Ich will kein ausgehaltener Bürger sein, gedemütigt und abgestumpft, weil der Staat für mich sorgt.
Ich will dem Risiko begegnen, mich nach etwas sehnen und es verwirklichen, Schiffbruch erleiden und Erfolg haben.
Ich lehne es ab, mir den eigenen Antrieb mit einem Trinkgeld abkaufen zu lassen. Lieber will ich den Schwierigkeiten des Lebens entgegentreten, als ein gesichertes Dasein führen;

lieber die gespannte Erregung des eigenen Erfolgs, als die dumpfe Ruhe Utopiens.

Ich will weder meine Freiheit gegen Wohltaten hergeben, noch meine Menschenwürde gegen milde Gaben. Ich habe gelernt, selbst für mich zu denken und zu handeln, der Welt gerade ins Gesicht zu sehen und zu bekennen, dies ist mein Werk. Das alles ist gemeint, wenn ich sage,, ich bin ein freier Mensch".

Ich bin von diesen Worten von Albert Schweitzer so sehr beeindruckt und angetan, dass ich sie auch schon in meinem Buch „Chaos in Germany" (2004) im 6. Kapitel „Soziales" erwähnt und erläutert habe.

Man kann auch noch eine andere Seite beleuchten: Wenn für diese „Nichtzahler" nur noch eine *Grundversorgung* geplant wird, könnte das ein wirtschaftlicher Verlust für Ärzte, Krankenhäuser, Rehabilitationszentren und der Pharmaindustrie bedeuten. Das ist doch bestimmt von den verantwortlichen Machern und Managern nicht gewollt. Ein einfacher Weg wird wieder sein: Zuschüsse auf Kosten der Steuerzahler für Krankenkassen, die eventuell diese Beitragsausfälle der Nichtzahler verkraften müssen. Hier könnten auch die „unendlichen Geschichten" beginnen:
Was geschieht mit diesen Nichtzahlern, wenn sie tatsächlich ernsthaft erkranken? Was weiß der fleißige, ehrliche Bürger wirklich von den Abläufen im Hintergrund? Hat er eine Ahnung davon, in wel-

chem Verwaltungssumpf ehrlich abgeführte Steuergelder versickern?

Sie sehen, die miese Zahlungsmoral und die mehr und mehr um sich greifende Zahlungsunfähigkeit wird zum tödlichen Kreislauf, nicht wegen Geld, sondern wegen dem liederlichen und unmoralischen Umgang damit.

Dies zeigt auch der zweite Artikel.

Kauf auf Pump: Für Banken und Handel immer wichtiger.

Die Null-Prozent-Finanzierung, Kauf auf Raten oder Zahlung erst nach 12 bis 18 Monaten, ist nichts weiter als eine neue Art der Ausbeutung des ständig nachwachsenden Rohstoffes „Mensch".

Auszug aus dem Artikel:

„Der Begriff Null-Prozent-Finanzierung ist mittlerweile kaum noch aus dem Elektromarkt, dem Möbelhaus oder anderen Einzelhändlern wegzudenken. Für den Handel und die beteiligten Banken ist dies ein lukratives Geschäft. Verbraucherzentralen sehen diese Finanzierungsform jedoch als sehr gefährlich an, denn die kleinen Raten laden häufig zur finanziellen Überschätzung ein".

Vor allem junge Leute werden diese Angebote nutzen und sich mehr und mehr verschulden. Sie sind erzogen und gefangen in der Lifestyle- und Konsumgesellschaft und werden zum Kaufen dressiert. Klamotten und technische Geräte, die der Freund, die Freundin und Klassenkameraden besitzen, muss man auch haben.

In den Nachrichten heißt es dann wieder: „Die Kauflaune der Deutschen steigt, der Handel ist mit den Umsätzen sehr zufrieden". Die Banken sind natürlich auch sehr zufrieden.

Die jungen Menschen haben nicht die Erfahrung, mit dieser Situation richtig umzugehen. Es zählt nur, mit den Freunden mithalten können, alles bekommen, und das noch ohne viel Geld. Wenn die Eltern oft auch noch die kleinen Ratenzahlungen übernehmen, darf man diese Kauflust nicht als Dummheit bezeichnen, sondern als Unwissenheit und Mangel an Erfahrung. Die jungen Menschen sind in der Konsumgesellschaft aufgewachsen, sie haben nicht gelernt, Verantwortung zu übernehmen. Sie müssen wohl oder übel erst einmal selbst die Erfahrung machen, dass sie nichts Gutes für ihre Zukunft tun, wenn sie auf Pump kaufen und eines Tages zahlungsunfähig werden, bevor ihr Leben richtig begonnen hat.

Aus lauter Gier wird hier seitens des Handels und der Banken eine Situation geschaffen, die sehr schnell aus den Fugen geraten kann, wenn auch die vielen kleinen Raten nicht mehr bezahlt werden können.

Wie kann hier gegengesteuert werden? Ich habe keine Ahnung. Niemand hält einen Fluss auf. Die Entwicklung in der Konsum- Lifestyle- und Internetgesellschaft ist so schnell und gewaltig, oft sogar gewalttätig, dass wir wohl auf einen Wasserfall oder auf eine Sturzflut zusteuern.

Eigene Schwächen

erkennen und Fehlverhalten sich selbst gegenüber aufrichtig zugeben, ist aus psychologischer Sicht eine schwierige, aber ehrenswerte Aufgabe. Wer dann auch noch in der Lage ist, diese Schwächen und Fehler Freunden, Bekannten, Geschäftspartnern und auch Familienmitgliedern gegenüber freimütig zuzugeben, um darüber offen zu reden, ist eine gefestigte und große Persönlichkeit.

Jede Person, die den Schritt in die Selbstständigkeit wagt oder die Leitung, das heißt, die Verantwortung für eine Gruppe oder eine Gemeinschaft übernimmt, sollte sich vor diesem Schritt ausführlich darüber informieren, welche Aufgaben außer der vorhandenen Fachkompetenz auf ihn zukommen und täglich mit erledigt und verantwortet werden müssen. Die Verantwortung stellt die Menschen in kausale Zusammenhänge. Diese können zum Beispiel temporaler, sozialer oder religiöser Natur sein. Immer sind die Zusammenhänge vielschichtig und vielseitig. Diese Tatsache wird aber von sehr vielen, wahrscheinlich von den meisten Menschen unterschätzt.

Von Selbstständigen im Einzelhandel, in Handwerksbetrieben und auch im Dienstleistungsbereich wird mir all zu oft im Zusammenhang mit betriebswirtschaftlichen, kaufmännischen, steuerlichen und finanztechnischen Fragen gesagt: „Das habe ich nicht gewusst, das hat mir niemand gesagt". So geht es nicht. Wie schon gesagt, Information ist immer eine Holschuld, und innerhalb eines Verantwortungsbereiches folgen aus dem Handeln Konsequenzen in Gestalt von Erfolg, Misserfolg, Ruhm oder Schuld. Unwissenheit schütz nicht vor diesen Folgen.

Handlungsfolgen oder die zukünftigen Entwicklungen sind vorab nicht planbar. Vor allem, wenn die Handlungen auf wackeligen Beinen stehen und die Zusammenhänge aufgrund von Unwissenheit nicht erkannt werden, kann es schnell zur wirtschaftlichen Schieflage und Zahlungsunfähigkeit kommen. Hinzu kommt, dass wir die Folgen von Ereignissen erst erkennen, wenn sie eingetreten sind.

Wesentliche Nachteile, die anstehenden Verwaltungs- und Kontrollaufgeben im eigenen Unternehmen effizient und zeitsparend zu erledigen, sind die schlechten EDV-Kenntnisse vieler Geschäftsleute und auch Privatpersonen. Im Kommunikations- und Internetzeitalter sollte es doch selbstverständlich sein, dass jede verantwortliche Person weiß, welches Betriebssystem auf dem PC installiert wurde und welche Anwenderprogramme für sein Aufgaben- und Verantwortungsgebiet unbedingt notwendig sind. Vor allem Textverarbeitung und Tabellenkalkulation für schnelle interne Auswertungen sind so notwendig wie vor 50 Jahren Rechen- und Schreibmaschine.

Onlinebanking, e-Mail-Programme, Drucker mit Scanfunktion etc. sind Hilfsmittel, die sehr viel Zeit sparen und zur Aktualität beitragen.

Die Praxis zeigt leider in diesem Bereich ein sehr trauriges Bild, obwohl die Grundkenntnisse im Umgang mit EDV-Programmen für jeden Geschäftsmann oder für jede Geschäftsfrau zur selbstverständlichen Allgemeinbildung zählen sollten.

Für Privatpersonen ist es ja noch akzeptabel, wenn Banküberweisungen manuell ausgefüllt werden; wenn im Einzelhandel mit wenig Personal, aber einem großen Sortiment an Waren, die Überweisungen für die vielen Einkaufsrechnungen noch manuell ausgefüllt werden, ist es kein Wunder, dass die Zeit für wesentliche Aufgaben knapp wird und ständige Stressbewältigung angesagt ist.

Auch wenn ein Einzelunternehmer als Selbstständiger selbst und ständig 10 bis 12 Stunden pro Tag arbeitet, wird es immer schwer sein, soviel Umsatz oder Reingewinn zu erwirtschaften, um die vielen Aufgaben außerhalb seiner Fachkompetenz immer von Fremdfirmen oder Beratern ausführen zu lassen und zu bezahlen. Die Katze beißt sich ständig in den Schwanz. Entweder man bemüht sich um ein gutes kaufmännisches Allgemeinwissen, einschließlich EDV, und erledigt einige Routinearbeiten selbst, was immer empfehlenswert ist, auch wegen einem besseren Verständnis und einer klaren Beurteilung der eigenen Geschäftsvorfälle, oder es werden Verwaltungsaufgaben fremd vergeben, teuer bezahlt und mühsam erwirtschaftet.

In diesem Zusammenhang ist es wirklich wichtig, die eigenen Schwächen zu erkennen und sich ernsthaft um ein genaues Verständnis der Situation zu bemühen, auf dessen Grundlage die Entscheidung für eine Selbstständigkeit getroffen werden kann.

Im Geschäftsleben ist es notwendig, sich die Grenzen des eigenen Wissens bewusst zu machen und klare Entscheidungen zu treffen, auch gegen den Schritt in eine Selbstständigkeit, für ein zufriedenes Leben ohne Gier nach Geld und Anerkennung.

Wir wissen viel und können viel, wir können noch mehr lernen und noch mehr Wissen erwerben, aber wir können nicht alles gleichzeitig. Die Dinge objektiv sehen, wie sie sind, nicht wie wir sie haben möchten, ist schwieriger als wir glauben.

Wir werden nicht selten Opfer unserer eigenen Vorstellungen und Erwartungen, weil wir keinen Blick dafür haben, was alles von außen auf uns zukommt. Vielleicht ahnen wir es, aber wir sehen es nicht, weil wir uns zu sehr in die eigene Arbeit vertiefen.

Die selbstbestimmte Aufgabenerledigung erfordert ein hohes Maß an Gespür und Gefühl. Ereignisse treten nicht ein, weil sie es sollten, sondern weil sie es als Konsequenz unserer eigenen Handlungen und der Bedingungen des Lebens müssen.

Um erfolgreich und zahlungsfähig zu werden und zu bleiben, müssen stets alle Aspekte unvoreingenommen betrachtet werden, auch das eigene Verhalten.

Wie steht es mit dem Gefühl und Verständnis für strukturiertes Denken und Handeln? Wird das komplizierte Zusammenspiel von Wissen, Können, Wollen und Müssen richtig eingeschätzt?

Praktisch veranlagte Menschen wollen etwas bewirken, mit eigenen Händen schaffen, die Lebenssituation verbessern, frei sein und sich nicht ständig bevormunden lassen.

Ist aber diese Motivation und der Tatendrang wirklich ausreichend, ein eigenes Unternehmen zu gründen, zu verwalten und erfolgreich in die Zukunft zu führen?

In meinen Seminaren „Selbstständig und erfolgreich" (2005 bis 2011) an verschiedenen Volkshochschulen musste ich leider feststellen, dass Motivation und Fachkenntnisse alleine nicht ausreichen, die vielen Aufgaben eines Unternehmers zu meistern. Man kann zwar den Teilnehmern die Abläufe „vom Beleg zum Jahresabschluss" anhand von Belegen, Formularen, Aufbau- und Ablauforganisation erklären, doch den persönlichen Bezug zu Verwaltungsaufgaben und das Gefühl dafür, sich diese Aufgaben auch zu verinnerlichen, muss jede Person selbst meister. Dies ist eine wirklich schwere Aufgabe, für viele Menschen nicht zu schaffen, wie mir die Praxis immer wieder bestätigt.

2006 habe ich als Begleitbuch zu den Seminaren das Buch „Immer wieder schwarze Löcher" geschrieben, für die Teilnehmer der Seminare und auch für mich, um den Unterricht „menschlicher" zu gestalten. Vor der Arbeit, vor dem Erfolg und vor den täglichen Aufgaben mit guten und schlechten Ergebnissen steht zunächst der Mensch, der Mensch mit all seinen positiven und negativen Eigenschaften, die er, und nur er allein immer wieder verarbeiten muss, um in der Gesellschaft, wirtschaftlich und privat zurechtzukommen.

Nur wer mit sich selbst klar kommt, in Harmonie mit sich selbst lebt, mit seinen Sorgen, Ängsten, Enttäuschungen, Freuden, Geltungssucht und Sehnsucht, kann die Anforderungen in Familie, Beruf und in der Selbstständigkeit bestehen.

Es war und ist erfolgreich, die Menschen zunächst einmal in ihre Mitte zu stellen, damit alles, was täglich von außen auf uns zukommt, besser gemeistert werden kann.

Menschen, die in Harmonie mit sich selbst leben, werden immer erfolgreich sein und verantwortungsvoll und diszipliniert mit dem eigenen Personal, Kunden, Lieferanten und der Allgemeinheit umgehen.

Kein guter Weg ist dagegen ein Übermaß an Streben nach Erfolg, Anerkennung und Reichtum. Je höher der Mensch hinauf will und danach strebt, seine Gier zu befriedigen und nach seinem Gutdünken handelt, aber das Wohl der Menschen in seinem näheren Umfeld und der Allgemeinheit missachtet, um so mehr geht er in die Irre und beschwört sein eigenes Unglück herauf.

Nur wer in allen Lebenssituationen das Gleichgewicht anstrebt und sich bemüht, es auch zu bewahren, fördert die Kraft und die Stärke, Probleme zu meistern und durch Gefahren hindurch zu gehen.

Betroffene,
die in Zahlungsschwierigkeiten geraten können, gibt es in allen Gesellschaftsgruppen und Schichten. Ausschließlich im Zusammenhang mit der Zahlungsunfähigkeit, nicht als Wertung oder Bewertung einzelner Gesellschaftsgruppen oder Personen, gilt für mich die folgende Zuordnung:

Die Masse, vorwiegend nicht beschäftigte Personen, Gelegenheitsarbeiter und nicht arbeitswillige oder arbeitsfähige Personen.

Das Fußvolk, das Heer der emsigen, beschäftigten Personen. Die Mehrzahl ohne Hochschulabschluss.

Die Elite, Menschen, die aufgrund ihrer Bildung und Ausbildung mehr oder weniger schon gezwungen sind, nach Ansehen, Macht und Geld zu streben.

Die Reichen, die außerhalb des Themas „Zahlungsunfähigkeit" stehen. Es ist die Oberschicht, eine kleine Gruppe von ca. 1% Auserwählte, die außerhalb der Masse oder der übrigen Bevölkerung stehen und kaum einen Beitrag zum behandelten Thema leisten können. Wenn sie wegen Betrug oder sogar Verbrechen an die Allgemeinheit in Zahlungsschwierigkeiten geraten, stützen sie sich gegenseitig, um von der übrigen Gesellschaft abgehoben zu bleiben. Geld spielt keine Rolle, nur Macht, Gier und Statuserhalt.

Die Masse sind Menschen, die nach der *Maslowschen Bedürfnistheorie* ihre Grundbedürfnisse, Essen, Kleidung, Wohnung, nicht mehr aus eigenem Antrieb bestreiten können.

Wer täglich mit diesen essentiellen Bedürfnissen zu kämpfen hat, wird kaum aus eigener Kraft genug Motivation und Energie aufbringen, um den Anschluss nach oben zu schaffen. Einmal in diesen Gesellschaftsbereich hineingefallen, oder sogar hineingeboren, können nur wenige in eine bessere Situation gelangen. Diese Menschen sind prinzipiell von der Zahlungsunfähigkeit bedroht. Sie besitzen kein eigenes Einkommen aus einer festen Beschäftigung und in der Regel auch kein Vermögen. Sie werden vom Staat versorgt, notdürftig versorgt und damit ruhig gestellt.

Diese Grundversorgung, unabhängig von den jeweils gültigen Staatsprogrammen, ist für die führenden Köpfe aus Politik und Wirtschaft von großer Bedeutung. Die Masse an „ständig nachwachsendem Rohstoff" muss für die Konsumgesellschaft im Allgemeinen und besonders für die Lebensmittelindustrie, Pharmaindustrie und allen damit zusammenhängenden Institutionen erhalten bleiben.

Selbst Verbrennungsanlagen für Menschen und Müll stehen im ständigen Konkurrenzkampf miteinander und müssen sich um Auslastung und Gewinnmaximierung bemühen.

In diesem Bereich der Gesellschaft sind Gerichtsvollzieher regelmäßige Besucher, um vielleicht doch noch einen verwertbaren Gegenstand zu finden, auch wenn es vielleicht nur eine Uhr oder ein Fernsehgerät ist.

Diese, als „Masse" bezeichnete Gruppe in unserer Gesellschaft möchte ich nicht als sozial Schwache, sozial Verachtete, Ungebildete und Menschen ohne Berufsausbildung sehen, sondern ausschließlich als die ständig wachsende Gruppe ohne Beschäftigung. Keine Arbeit, kein Lohn. Der Staat unterstützt, unabhängig davon, mit welchem Bildungsstand und aus welchen sozialen Schichten die Menschen in die Arbeitslosigkeit und somit in die Notsituation und Zahlungsunfähigkeit geraten sind, oft belastet mit hohen Schulden.

Es gibt staatliche und private Einrichtungen, die mit Programmen aller Art und mit großer Einsatzbereitschaft versuchen, diese Menschen aufzufangen und wieder in die Berufswelt einzugliedern. Dies ist aber sehr schwer, vor allem für ältere Menschen, junge Menschen ohne Berufsausbildung und einer mangelhaften Allgemeinbildung, oder kranke Menschen, die körperlich und psychisch belastet sind.

Vorab möchte ich hier schon bemerken, dass die nächste Gruppe, das „Fußvolk" es sich kaum leisten kann, Menschen einzustellen, die zeitlich und körperlich nicht voll einsatzfähig sind. Vor allem fehlende Allgemeinbildung, die Lernwilligkeit und Lernfähigkeit verhindert, ist ein Nachteil für die erfolgreiche Wiedereingliederung.

Einmal durch das große Loch im Deckel auf den Boden des Topfes angekommen, erfordert es viel Energie, Mut und Glück, an den glatten Wänden hinauf zu gelangen um wieder Licht zu sehen und Wärme zu spüren.

Das Gegenteil ist er Fall, aus den zwei nachfolgenden Gruppen, Fußvolk und Elite, fallen immer mehr Menschen durch den Trichter nach unten.

Dies ist auch der Grund, warum dieser Gesellschaftsbereich wie ein brodelndes Fass zu sehen ist, das eines Tages überschäumen und explodieren kann.

Hier sind inzwischen viele unterschiedliche „Intelligenzen" angekommen die Beschäftigung suchen. Es ist also nicht verwunderlich, dass sich in der Masse ein Nährboden ausbreitet für Gaunereien, Betrug und Gewalt. Prozentual sind es noch wenig Menschen, die sich zu Betrügereien verführen lassen, aber es ist auch keine Seltenheit mehr, dass sich einzelne Personen vom Staat Miete und Heizkosten zahlen lassen, ihre Lebensmittel von der Tafel holen und ganz in Ruhe, oder auch in gewalttätigen Gruppen einträchtige Geschäfte betreiben.

Wann und wo beginnt Betrug? Ist es noch ein „Gesellschaftsspiel" zusätzliche Einnahmen aus Schwarzarbeit und dergleichen am Jobcenter vorbeizuschleusen, damit die monatliche Auszahlung nicht gekürzt wird?

Der Staat hat schon lange die Kontrolle verloren und ist viel zu schwerfällig, sich der vollkommen veränderten Gesellschaftszusammensetzung anzupassen und die Menschen zu verwalten.

Die Masse ist nicht die Unterschicht aus vergangener Zeit, es ist eine intelligente Gruppe Menschen ohne Arbeit. Der Mensch will und muss aber beschäftigt sein, auch wenn es illegal oder kriminell ist.

Das Fußvolk ist die zweite Gruppe in meiner Betrachtung.

Es ist das Heer der ständig beschäftigten, fleißigen und unermüdlichen Menschen aus unterschiedlichen Berufsgruppen und sozialen Schichten, ganz gleich, ob selbstständig tätig oder abhängig beschäftigt, wie Lohn- und Gehaltsempfänger und Beamte.

Hier finden wir Handwerksbetriebe unterschiedlicher Branchen, selbstständig Tätige mit umfangreichen Dienstleistungsangeboten, wie EDV, Internet, Finanz- und Rechnungswesen, Organisation, Versicherungen, Immobilienmakler, Gaststättenbetriebe, Einzelhandel, Physiotherapeuten und viele mehr.

Die nicht selbstständig Beschäftigten, also Lohn- und Gehaltsempfänger und Beamte in allen Institutionen und Wirtschaftszweigen zählen zwar auch zur arbeitenden Stütze der Gesellschaft, sind aber nicht so sehr mit dem Risiko der Zahlungsunfähigkeit behaftet, wie kleine Gewerbetreibende und Freiberufler. Diese Menschen geraten nur dann in finanzielle Schwierigkeiten, wenn der Betrieb des Arbeitgebers pleite ist und Insolvenz anmelden muss. Eigene Darlehen und andere finanzielle Verpflichtungen können eventuell nicht mehr bedient werden und der Absturz nach ganz unten ist nicht mehr ausgeschlossen. Dies ist Pech, denn von Eigenverschuldung kann hier nicht die Rede sein.

Die Personen in der sehr aktiven Gruppe der Selbstständigen haben zwar seltener einen Hochschulabschluss, zeichnen sich aber aus durch hohe Fachkompetenz, Einsatzbereitschaft und Fleiß. Für die Finanzämter sind es die braven Steuerzahler, die noch gut kontrollierbar sind.

Allerdings gibt es in dieser Gruppe auch die Menschen, die schnell in die Zahlungsunfähigkeit geraten können, wenn Fachwissen zu sehr in den Vordergrund gestellt wird und der Verwaltungsbereich zu kurz kommt, aus scheinbarem Zeitmangel oder Unlust an dem leidigen Schriftkram.

Wer einmal die Übersicht verloren hat und nicht mehr zeitnah seine Verwaltung in Ordnung hält, läuft Gefahr, ohne außenstehende Hilfe in den Strudel nach unten zu geraten.

Ist dies Pech oder Dummheit? Man kann ja auch sagen, es ist Pech, wenn man so dumm ist und aus Überheblichkeit Erfahrungen und Warnungen von erfolgreichen Menschen missachtet.

Doch alles hat zwei Seiten, aus Fehlern und Niederlagen kann man lernen. Wenn eigene Leistungsfähigkeit und Geisteskraft koordiniert werden, steht dem Erfolg nichts mehr im Wege, über Zahlungsunfähigkeit muss nicht mehr nachgedacht und geredet werden.

Für diese Gruppe der kleinen und mittleren Selbstständigen gibt es ein besonderes Problem wenn gute Mitarbeiter gesucht werden. Wenn die Unternehmen gut sind, ständig wachsen und einen guten Auftragsbestand haben, stellt sich schnell die Frage: Personal einstellen oder weiterhin alleine 12 Stunden pro Tag arbeiten.

In Deutschland gibt es Fachkräftemangel. Gute Handwerker, Einzelhandelskaufleute und Bürokaufleute haben einen festen Job. Es bleibt also nur der Weg zum Jobcenter, um dort geeignete Mitarbeiter zu finden. In der Regel klappt es auch, doch sehr schnell kommt das große Erwachen. Zwei Beispiele aus dem engsten Bekanntenkreis sollen hier genannt werden und zum Nachdenken anregen:

Ein Allroundhandwerker, gelernter Elektriker mit guten Erfahrungen im Bauhandwerk, geht in die Selbstständigkeit und bekommt sehr gute Aufträge. Nach reichlicher Überlegung entscheidet er sich, drei Mitarbeiter einzustellen. Für einen Langzeitarbeitlosen bekommt er auch Zuschuss von der Arbeitsagentur. Doch schon bald beginnt das Dilemma. Er musste seine Leute nicht nur von Baustelle zu Baustelle fahren, Urlaub und Krankheit verkraften, sondern auch regelmäßige Reklamationen aufarbeiten und Zahlungsabzüge in Kauf nehmen. Seine eigene, qualifizierte praktische Arbeit wurde enorm eingeschränkt.

Die Verwaltungsaufgabe mit Fakturierung, Buchhaltung und Lohnabrechnungen erledigte er selbst.

Diese Aufgaben und die Probleme an den Baustellen waren sehr zeitaufwendig und das Betriebsergebnis verschlechterte sich rapid. Nach drei Jahren Selbstständigkeit kapitulierte er und gab seinen Betrieb wieder auf. Er hatte Glück und bekam wieder eine gute Anstellung im Baufachhandel.

Ähnlich erging es einem Handwerker im Bereich Garten- und Landschaftsbau. Er stellte im Sommer zwei Personen ein, Fachkräfte aus dem Spezialbereich, vermittelt vom Jobcenter. Unpünktlichkeit und schlechte Arbeit brachten viel Ärger. Als Folge von Ermahnungen kamen Krankmeldungen mit längeren Fehlzeiten. Das Betriebsergebnis verschlechterte sich merklich, denn die Lohnzahlungen und die Kosten für die Lohnabrechnungen waren höher, als der zusätzlich erwirtschaftete Umsatz. Außer Ärger nichts gewesen, könnte man sagen. Erwähnt werden muss aber noch, dass viele Personen, die vom Jobcenter geschickt werden, ihre persönlichen Papiere nicht unter Kontrolle haben, sodass es schon Ärger und unnötige Zeitverschwendung bei der Einstellung gibt. Vielleicht sollte man hier die Jobcenter auffordern, diese Probleme nicht auf die kleinen Unternehmer zu verlagern, sondern mit Schulungen Abhilfe zu schaffen. Unternehmer, wie in diesem Beispiel, müssen dann nicht unbedingt sagen: „Nie wieder Personal vom Jobcenter einstellen".

Warum gibt es diese Schwierigkeiten? Vielleicht kann man an dieser Stelle sagen: „Der Mensch ist ein Gewohnheitstier." Wer zu der Masse der Arbeitslosen gehört, vielleicht noch als Langzeitarbeitsloser, hat scheinbar einige Tugenden eingebüßt, die dem „Fußvolk" noch erhalten geblieben sind. Fleiß, Disziplin, Ausdauer, Ehrlichkeit und vor allem Verantwortungsbewusstsein müssen sich diese Menschen erst wieder verinnerlichen, wenn sie willig und bereit sind, für das Allgemeinwohl und vor allem für sich selbst etwas zu bewirken.

Bei den Minijobs und Gleitzeitbeschäftigten im Einzelhandel, auch in der Gastronomie ist es vor allem die fehlende Flexibilität bezüglich der Arbeitszeit, die Loyalität gegenüber Kollegen, die Bereitschaft mitzudenken und die Aufrichtigkeit, die den Geschäftsinhabern Probleme bereiten. Eine Bewerberin möchte nur von 9:00 bis 12:00 Uhr arbeiten, obwohl das Geschäft erst um 10:00 Uhr öffnet. Bei Bedarf im Verkaufsraum putzen oder aufräumen sei nicht ihre Sache.

Einerseits gibt es viele Selbstständige, die bereit sind, Menschen aus der Masse wieder hinauf zu holen, andererseits haben diese Menschen aber keine Skrupel, andere Menschen mit hinunter zu ziehen.

Wenn die Gesellschaft auf dem falschen Weg ist, hat die eigene Motivation und die individuelle Energie einen schweren Stand. Es entsteht ein Gefühl der Wertlosigkeit oder der Machtlosigkeit, etwas zu verändern.

Wenn in dieser Situation das Selbstwertgefühl leidet oder zerstört wird, ist es schwer, kraftvolles Handeln aufzubringen und Konflikte zu lösen. Körperliche oder seelische Krankheiten können sehr schnell ein gutes Unternehmen in die Zahlungsunfähigkeit bringen. Hier sind nicht die fehlende Fachkompetenz oder schlechte Organisation die Auslöser für finanzielle Schwierigkeiten, sondern die Welt um uns herum, die Verderbtheit und die Macht in den Händen der Korrupten.

Das Fußvolk ist eine ist eine sehr breit aufgestellte Schicht, in der sich viele unterschiedliche Charaktere tummeln.

Eine große Stütze für das Fußvolk bilden die Menschen, die ihr Leben im Griff haben, Freiberufler, Gewerbetreibende und abhängig Beschäftigte gleichermaßen. Sie besitzen hohe Fachkompetenz, sind gut organisiert, privat und geschäftlich, zeichnen sich aus durch Offenheit, Ehrlichkeit und Fleiß und legen großen Wert auf Unabhängigkeit. Sie bilden sich immer ihre eigene Meinung und sind nicht anfällig für sozialen Druck, modische Ideen und Manipulationen. Die Menschen um sie herum können tun und lassen was sie wollen, es wird sie nicht erschüttern. Ihre finanziellen Angelegenheiten sind geordnet und gesichert. Zahlungsunfähigkeit ist für sie ein Fremdwort.

Anders sieht es aus mit den Menschen, die schnell nach oben möchten, reich und anerkannt sein wollen. Sie sind zwar auch fleißig, möchten aber ihren Betrieb ständig vergrößern, Umsatz steigern und dafür Niederlassungen gründen. Sie lassen sich blenden vom Erfolg, unterschätzen aber dabei die Gefahr, in die Abhängigkeit von anderen Menschen zu geraten, die ihre eigenen Vorteile verfolgen. Große Probleme können zum Teil aus Situationen entstehen, in denen alles nur nach Stellung, Macht und Einfluss geordnet ist.

Insolvenzen von Einzelhandelsketten, die eine straffe Organisation, gutes Controlling der Verwaltung und die Personalangelegenheiten unterschätzt haben, gibt es viele.

Der Aufstieg im Leben erfordert Willensstärke, die aus dem Können, nicht aus Gerissenheit hervorgehen muss. Erfolg ist nicht etwas Leichtes und Einfaches, sondern eine dunkle, mächtige Kraft. Auch demjenigen, der ein bestimmtes Ziel anstrebt, bleibt eingroßer Teil des Weges verborgen.

Wer im Leben voran kommen will, privat und beruflich, muss in seinem Leben einen Sinn sehen, die Realität suchen und die Dinge so sehen, wie sie sind, nicht so, wie er sie haben möchte. Dies ist zwar schwierig, aber machbar, denn es gibt nichts im Leben, das nicht beeinflusst werden könnte.

> „Ein Vogel kann sehr hoch fliegen,
> muss aber immer wieder zur Erde zurück".

Man kann ja auch sagen, er holt sich nur Futter und fliegt wieder davon.

Die Elite, die dritte Gruppe der Betroffenen, ist eine bunte Palette aus der gutsituierten Bevölkerungs-

schicht. Diese Menschen sind auf den Führungsebenen in allen Bereichen der Wirtschaft, des Fi-
nanz- und Versicherungswesens, des Steuerwesens,
der Politik und der öffentlichen Verwaltung aktiv
tätig.

Es sind Personen mit höherer Schul- und Berufsausbildung und ausgestattet mit ausgeprägten
Führungseigenschaften. Hierzu zählen:

> Intelligenz und Selbstsicherheit,
> hohes Wissen und Können,
> Kreativität, Entscheidungsbereitschaft,
> Dominanzstreben mit Wille zur Macht
> und Durchsetzungsvermögen, Härte,
> Belastbarkeit und Gefühlskontrolle,
> Anpassungsfähigkeit,
> Verantwortungsbewusstsein
> und Verlässlichkeit.

Sie sind tätig in den Führungsebenen von Großbe-
trieben, als Inhaber von Betrieben aller Art des Mit-
telstandes, als Wirtschaftsprüfer, Insolvenzverwalter, Rechtsanwälte, Chefärzte in Kliniken u.s.w.

Die Funktionsfähigkeit der Gesellschaft und die
Verbindung der Gesellschaftsgruppen nach oben,
zu den Reichen, und nach unten, zum Fußvolk wird
von dieser starken Gruppe getragen.

Warum gibt es in dieser Gruppe, trotz der oben er-
wähnten Führungseigenschaften und Qualitäten,

viele Zahlungsunfähigkeiten und Insolvenzanmeldungen?

Zusätzlich zur oft vernachlässigten strengen Organisation der Arbeitsabläufe in der Verwaltung und der fehlenden zeitnahen Kontrolle sind diese Personen mit einem ganz besonderen Problem belastet:

Sie müssen etwas darstellen. Sie stehen unter dem Druck, ständig nach Geltung, Prestige, Anerkennung und Macht streben zu müssen. Immer informiert sein, um hohe Fachkompetenz zu erhalten. Verantwortung für das Unternehmen, die Familie und die beruflichen und gesellschaftlichen Verpflichtungen müssen ständig koordiniert werden, was mit Sicherheit keine leichte Aufgabe ist. Allein schon aus Zeitmangel kann die interne Kontrolle darunter leiden.

Dies wird noch gefördert durch die Tatsache, dass nach und nach gute Unternehmer im ursprünglichen Sinne zurückgedrängt werden und viele Positionen mit Managern besetzt sind, die vielleicht sogar durch Beziehung, Lobbyismus oder Intrigen in Positionen kommen, denen sie nicht gewachsen sind. Wenn auch noch Charaktersschwächen eine Rolle spielen, wie Unehrlichkeit, Empfänglichkeit für Bestechungen, Fehlleitung von Subventionsgeldern und andere Schwächen für kriminelle Handlungen, kann es schnell zur wirtschaftlichen Schieflage und Insolvenz kommen.

Die echten Unternehmer haben Bezug zum gesamten Betrieb und zum Personal. Sie kennen die Vernetzung der Arbeitsabläufe, sind offen für Kritik, und können bei auftretenden Schwierigkeiten schnell reagieren, Entscheidungen treffen und Engpässe überwinden.

Dagegen ist es in der Regel die Aufgabe der Manager, um jeden Preis Gewinne zu erzielen, ohne Rücksicht auf Pleiten und Pannen. Sie sind nicht mit dem Betrieb gewachsen und verwachsen, ihr eigener Geldbeutel steht ihnen näher als das Wohl des Personals und somit des Unternehmens.

Ihre Überheblichkeit beruht oft auf einer Illusion, denn die ständige Gier nach Geld und Macht lässt den menschlichen Willen außer Kontrolle geraten und bringt Zerstörung. Wenn eine unerträgliche Lage lange Zeit anhält, kommt es zu gefährlichen, unkontrollierten Handlungen.

Diese können sein: Entlassungen von Mitarbeitern, Veräußerung von Betriebsteilen, Zusammenlegung von Arbeitsbereichen, Ausgliederung von Aufgabenbereichen und vieles mehr, bis hin zur Zerschlagung des Betriebes und der Insolvenzanmeldung.

Das Miteinander in der Gesellschaft in großen und kleinen Betrieben, in Politik und Verwaltung und im privaten Bereich ist so komplex und vernetzt, dass nur noch reife und geschulte Menschen verstehen, was gut und was böse ist, nur sie unterscheiden Recht und Unrecht. Diese Stimmen sind aber so gering, dass sie nicht gehört oder schnell vergessen werden.

In der Gruppe der Elite gibt es einige zahlungsunfähige Firmen, die pleite sind und Insolvenz angemeldet haben. Bemerkenswert ist, darunter sind auch Steuerberater und Insolvenzverwalter.

Warum? Scheinbar wissen sie sehr gut Bescheid, wie man von den Schulden befreit wird und wieder glücklich leben kann. Es ist angebracht, nicht zu fragen, woher das Geld kommt, um wieder ein feudales Leben zu führen.

Das Universum ist ein chaotisches System. So scheint es auch mit er Menschheit zu sein. Im ständigen Chaos bleibt alles in Bewegung. Wie bei einer großen Uhr greifen die einzelnen Bereiche unserer Gesellschaft als Zahnräder ineinander und drehen sich ständig, einmal oben, einmal unten, sich immer ändernd, aber stets für unerwartete Überraschungen bereit.

Die Banken zählen auch zur Elite. Im Zeitalter der absoluten Vernetzung mit Computersystemen und Internet finden wir hier aber nur noch wenige Mitarbeiter, die Verständnis und Verstehen für andere Menschen, ihre Kunden, aufbringen können. Es sind inzwischen menschliche Roboter, gefangen in ihren Systemen, ohne Möglichkeit in bestimmten Situationen kundenbezogen, menschlich zu handeln. Der PC gibt ihnen die Ergebnisse vor und entscheidet, wann Kredite vergeben werden können oder Konten gesperrt werden müssen, ohne die wirkliche

Situation der Betroffenen zu kennen und auch zu verstehen. Nur in selten Fällen finden vorübergehende, beim Kunden eingetretene Härtefälle, Berücksichtigung.
Dies kann man auch von den meisten Ämtern, Versicherungen und Krankenkassen sagen.

Privatinsolvenzen
oder sogenannte Verbraucherinsolvenzen verdienen auch noch eine Beachtung. Wie und warum kommt es im privaten Bereich zu Zahlungsunfähigkeit und Insolvenzanmeldung? In Deutschland gibt es zur Zeit über sechs Millionen zahlungsunfähige Personen.

Ein paar wesentliche Bereiche, die zur Zahlungsunfähigkeit führen können, möchte ich hervorheben:

Aufgrund tragischer Schicksalsschläge, wie Tod von Familienangehörigen, Unfällen mit anschließender körperlicher Behinderung oder längerer Krankheit können die finanziellen Verpflichtungen für das Eigenheim oder für andere größere Anschaffungen nicht mehr eingehalten werden. Nicht immer werden diese Vorgänge mit vorhandenem Vermögen oder mit Versicherungsleistungen abgemildert oder aufgefangen.

Scheidungen, Trennungen oder Auseinandersetzungen zwischen Lebenspartnern führen oft in eine finanzielle Schieflage und zu Streitigkeiten. Das Haus oder die Wohnung muss verkauft werden und hohe Unterhaltszahlungen bringen große finanzielle Probleme mit sich. Wenn wegen der privaten Auseinandersetzungen auch noch eine berufliche Veränderung erforderlich ist und ein sicherer Arbeitsplatz aufgegeben werden muss, ist eine Insolvenzanmeldung oft der einzige Weg, die Probleme wieder unter Kontrolle zu bekommen.

Übersteigerte Geltungssucht bei der eigenen Lebensplanung mit teuren Eigenheimen oder großen Villen und der zu aufwendige Lebensstil kann auch ein Grund für einen Absturz in die Zahlungsunfähigkeit sein. Nicht vorgesehene, zusätzliche Ausgaben können entstehen, wenn es bei dem Bau der zu großzügig geplanten Häuser zu Schwierigkeiten mit Architekten oder Baufirmen kommt, Reklamationen nicht aufgearbeitet werden, oder sogar eine der beteiligten Baufirmen selbst Insolvenz anmelden muss, weil die Kunden die Rechnungen nicht bezahlen.
Diese Probleme können allerdings auch auf kleine Bauherren zukommen, die in Schwierigkeiten mit ihren Finanzierungen geraten können, wenn sich die Arbeiten verzögern und verteuern, oder unvorhergesehene Probleme bei den Bauarbeiten auftreten.

Zahlungsschwierigkeiten besonderer Art entstehen, wenn Ehefrauen von Handwerkern Darlehensverträge für Anschaffungen von Maschinen oder Hallenneubau mit unterschreiben, es später aber zu Auseinandersetzungen und zur Scheidung kommt. Die Frauen haften für diese Darlehen, oft auch dann, wenn der Betrieb des Mannes pleite geht.
So ergeht es auch Personen, die für Bekannte, Verwandte oder Geschäftspartner Bürgschaften unter-

schreiben. Wenn der Kreditnehmer nicht mehr zahlen kann, zahlt der Bürge oder meldet selbst Insolvenz an.

Kaufsucht, Kauflust und Angeberei beeinträchtigen den Frieden in vielen Familien und Partnerschaften. Zu große und zu teure Autos, ständig neue, modische Klamotten, Schmuck, moderne Kommunikationstechnik und ein feudaler Lebensstil sind Geldschlucker, die eines Tages Ärger verursachen, wenn die Verschuldung für diese Luxusgüter zu groß wird und die Raten für die Kredite nicht mehr aufgebracht werden können. Vorfinanzierter, aufwendiger Luxusurlaub kann hier auch mit eingeordnet werden.

Autoeintreiber, im Auftrag von Banken und Leasinggesellschaften, ist ein neuer Beruf mit guter Zukunftsaussicht. Sie kommen ohne Vorwarnung mit dem Abschleppwagen zu den säumigen Zahlern und holen den Porsche, BMW oder andere große Autos direkt vor den Wohnungen oder Büros von eleganten Immobilienmaklerinnen, Versicherungsvertretern oder scheinbar reichen Privatpersonen ab. Die Finanzierungs- oder Leasingraten werden seit Monaten einfach nicht bezahlt.
Bei den betroffenen Personen ist nicht nur eine große Portion Dummheit im Spiel, sondern auch Arroganz und Skrupellosigkeit. Der Drang nach Anerkennung und Macht erfordert einen aufwendi-

gen Lebensstil, der nur selten aus eigener Kraft von Einzelpersonen erwirtschaftet werden kann.

Wer nicht zu den Reichen gehört, aber so leben möchte, als sei er reich, kann dieses Ziel wahrscheinlich nur mit einer guten Portion krimineller Energie und Rücksichtslosigkeit erreichen. Dies ist mit Sicherheit immer nur ein Spiel auf Zeit. Nach jedem Höhenflug erfolgt eine Landung, manchmal auch eine Bruchlandung.

Gutmütigkeit, Gutgläubigkeit und Hilfsbereitschaft, oft gepaart mit einer großen Portion Naivität und Unwissenheit, führen nicht selten zu Vermögensverlusten mit Zahlungsunfähigkeit, bis hin zum Sozialfall. Finanzberater von Banken und Versicherungen sind hier fleißig beteiligt.

Diese Menschen sind von Natur aus damit behaftet und belastet, man kann auch sagen privilegiert, auf Kosten anderer Menschen viel Geld zu verdienen. Bei jeder Beratung und bei jedem Produktangebot, ob Versicherungen, Kredite oder Geldanlagen, steht der Gedanke an die eigene Provision oder Bonuszahlung in den Vordergrund. Sie arbeiten nicht aus Menschenliebe, sondern sie lieben die Menschen als Ausgangsware für ihre Gewinnerzielung, nicht selten mit sehr zweifelhaften Methoden.

Ein bekannter Versicherungsmakler sagte mir: „Wenn ich die Kunden ehrlich berate, werde ich arm. Mindestens verschweigen muss ich manches".

Ein junges Paar möchte sich eine Eigentumswohnung kaufen. Die eigene berufliche Situation ist aber noch nicht so, dass für die Finanzierung genug Sicherheiten geboten werden können. Die Oma der jungen Frau besitzt ein eigenes Haus und bietet den jungen Leuten an, sie zu unterstützen. Nach einigen gemeinsamen Gesprächen mit dem Finanzierungsexperten der Hausbank kommt es zu dem Ergebnis, dass das Haus der Großmutter mit einer Grundschuld belastet wird und die Großmutter zusätzlich eine Bürgschaft für ein Anschaffungsdarlehen unterschreibt.

Es kommt, wie es in ähnlichen Fällen kommen muss. Das Leben ist nicht über lange Zeit hinaus planbar. Das junge Paar kann schon bald die laufenden Kosten nicht mehr erwirtschaften und gerät in Rückstand mit den Zahlungen für Zinsen und Tilgung. Die Bank gewährt großzügig einen Kredit mit 12% Zinsen, damit die ausstehenden Tilgungsraten ausgeglichen werden können.

Dies ist natürlich eine Katastrophe und ein böses Spiel des Bankberaters. Die monatliche Belastung mit den zusätzlichen Zinszahlungen wird immer größer und der Extremfall tritt ein. Das junge Paar meldet Privatinsolvenz an. Die Bank versteigert die Eigentumswohnung mit Verlust und aufgrund der eingetragenen Grundschuld kommt auch das Häuschen der Gromutter unter den Hammer. Die Bank kündigt auch das Anschaffungsdarlehen. Es soll von der Großmutter aufgrund der unterschriebenen

Bürgschaft ausgeglichen werden. Die Frau leistet zunächst Teilzahlungen, muss dann aber auch Privatinsolvenz anmelden und als Sozialfall in ein Altersheim umziehen.

Nicht so tragisch wie dieses Beispiel, doch ähnliche Vorgänge gibt es zahlreich, wenn von den Versicherungs- und Finanzierungsexperten gute Kredite oder auch Geldanlagen angeboten werden, die nichts weiter sind als Vermögenskiller, und oft sehr viel Unglück und Elend zu den Menschen bringen.

Heiratsschwindler, ob Männer oder Frauen, schaffen es immer wieder unter Vorspiegelung von Zuneigung und Liebe, den scheinbaren Traumpartner viel Geld zu entlocken, auszunutzen, und wieder zu verschwinden. Gutgläubigkeit und Dummheit gehen hier oft Hand in Hand. Wenn man sich auch noch so sehr einen Partner wünscht, Liebe und Zuneigung kann man nicht kaufen.

Bei Geld hört die Freundschaft auf. Wer sein Geld bereits hergibt, ohne das echte Freundschaft entstanden ist und Vertrauen aufgebaut wurde, handelt naiv und gedankenlos.

Vielleicht auch nicht, denn die uralte, ewige Sehnsucht nach menschlicher Nähe und Liebe schiebt rationales Handeln und Denken in den Hintergrund und verdrängt jeden Gedanken an Geld und Sicherheit. Wenn genug Geld vorhanden ist, kann es ja auch gegeben werden, denn die Hoffnung und die Freude über eine neue Partnerschaft lässt gefühlsmäßig keinen Raum für eventuelle Risiken. Gefühle dominieren, der Verstand wird ausgeschaltet. Erst wenn der Partner mit dem Geld verschwunden ist, oder Geld geschickt wurde und kein Partner erscheint, kommt nach und nach das böse Erwachen. Die Varianten in Partnerschaften innerhalb und außerhalb von Familien und familienähnlichen Gemeinschaften sind so vielseitig und vielschichtig in Bezug auf Machtausübung, Erzeugung von Abhängigkeiten, Ausnutzung, Beleidigung, Unterdrückung und sogar Betrug, dass es keine Ausnahme ist, wenn hier Nährböden für finanzielle Probleme entstehen, die eines Tages in die Zahlungsunfähigkeit münden. Viele Häuser sind aus Stein, viel Not und Elend darin kann sein. Doch aus diesen Häusern und Wohnungen ziehen Tag für Tag Menschen wie Schwärme hinaus in die Arbeitswelt, in Universitäten, in Kliniken, in große und kleine Unternehmen, in Ämter und in die eigenen Büros.

Menschen mit Kummer und Sorgen, Freude, Traurigkeit oder Zorn und Wut im Herzen, halten Tag für Tag das menschliche Miteinander in einem chaotischen System in Bewegung. Wenn wir selbst unterwegs sind, irgendwie mit uns selbst beschäftigt, ahnen wir nicht, was gerade in dem Menschen, bzw. in seiner Seele abläuft, der neben uns geht oder fährt. Manchmal fällt uns jemand auf durch sein seltsames Verhalten oder seine rücksichtslose Fahrweise, aber wir sind weit davon entfernt, zu ahnen oder zu erkennen, dass es sich vielleicht um einen

Menschen handelt, der im Moment große Seelennöte oder sonstige Probleme zu verarbeiten hat. Wenn wir gerade selbst gut drauf sind und uns nicht aufregen wollen, sagen wir zu uns selbst: „Armer Irre" und vergessen die Wahrnehmung. Doch was ist normal und was ist irr? Diese Frage kann man auch in Bezug auf Geld stellen, vor allem mit dem Umgang damit.

Nicht das Geld hält alles in Bewegung, sonder die Menschen, die damit umgehen müssen, aber nicht unbedingt immer die Charaktereigenschaften besitzen, dies angemessen und verantwortungsvoll zu tun.

Zusammenfassung

Wenn wir von Zahlungsunfähigkeit reden, denken wir natürlich an Geld, an fehlendes oder zu wenig Geld. Das Geld ist Schuld für die Probleme und das Elend der Menschen. Das Geld ist Schuld für Betrug, Skrupellosigkeit, Mord und Totschlag. Geld ist die Basis für Luxus und Lifestyle, für Glanz und Anerkennung. Geld regiert die Welt.

Nein, so ist es nicht. Es sind immer die Menschen und ihre Taten, ganz gleich, ob arm oder reich.

Die Liste der Möglichkeiten privat oder beruflich in finanzielle Schwierigkeiten zu geraten ist unendlich. Die bisher genannten Beispiele lassen den eigenen Gedanken freien Lauf, für sich persönlich alle Tatsachen und Fakten zu analysieren und darüber nachzudenken, dass nicht unbedingt nur Geld der Grund für die eigenen Schwierigkeiten und für die Zahlungsunfähigkeit ist.

Es sind die persönlichen Charaktereigenschaften der Menschen, die Gefühle und Emotionen, die den Umgang mit der Tatsache, Mensch zu sein und Aufgaben zu bewältigen, nicht oder nur schwer in den Griff bekommen.

Vorstellungen von der eigenen Lebensplanung, von Wünschen und Träumen, trägt jeder mit sich herum.

Geboren ohne Vorbelastung fallen wir unversehrt in die gewöhnliche Welt. Wir bekommen einen festen Platz in der sozialen Hierarchie von Familie und dem näheren Umfeld wie Gemeinde, Kirche, Schule, Verein u.s.w. Die Regeln der gesellschaftlichen Konventionen bestimmen unser Leben, bzw. wir sind zunächst darin eingebunden und eingebettet, ohne einen Gedanken über Recht und Unrecht zu verschwenden.

Erst wenn wir im Laufe der Jahre das vage Gefühl bekommen, dass entweder mit uns oder dem Umfeld irgend etwas nicht stimmt, werden wir neugierig und beginnen, kritisch zu beobachten.

Entweder wir sind in der Lage, unseren Urinstinkt zu wecken und viele scheinbar selbstverständlichen Vorgänge zu hinterfragen und zu beobachten, oder wir resignieren und fügen uns, ohne den Versuch zu unternehmen, zu begreifen und zu erkennen, wer wir sind und warum wir sind.

Wahrscheinlich ist dies der Moment im Leben eines jungen Menschen, der entscheidet, ob aus dem gleichen Menschen ein „Eingebetteter" oder ein „Nomade" wird, vollkommen unabhängig von gut oder böse.

Alle Menschen sind gefangen zwischen Tag und Nacht, Freud und Leid, Gut und Böse. Das Leben ist ein Widerspruch in sich, ein ständiger Kontrast zwischen Gut und Böse. Wir sind Seiltänzer auf der Lebensschnur und können jederzeit rechts oder links hinunterfallen, vielleicht auch abhängig davon, ob wir regelmäßig unsere guten Gedanken oder unsere schlechten Gedanken füttern, denn was du förderst, das wäschst.

Nur die Umstände des Lebens entscheiden, welche Persönlichkeit, charakterfest oder labil und empfänglich für kriminelle Machenschaften, aus der Gruppe der Eingebetteten oder aus der Gruppe der Nomaden hervorgeht. Die Wirklichkeit des Lebens lässt sich nicht und niemals auf bestimmte Gruppen oder Erklärungen reduzieren.

Der Eingebettete verlässt sich darauf, dass es feste Regeln gibt. In seinem Umfeld wird alles für ihn unbemerkt geplant und gesteuert. Er kennt keine Überraschungen, die ihn aus der Bahn werfen könnten und vertraut auf den guten Rat und die Unterstützung der Menschen aus seinem Umfeld. Probleme und Sorgen werden gemeinsam gelöst und weggeschoben.

Allerdings erkennt er auch nicht, dass es in den eingebetteten Gruppen auf den einzelnen Hierarchieebenen um Prestige und Macht geht. Nach unten hin darf nicht gedacht, sondern muss gefolgt werden.

Schwierig wird es, wenn diese Menschen aufgrund plötzlicher Schicksalsschläge, Trennungen oder Veränderungen im familiären Bereich alleine Entscheidungen treffen müssen, um das eigene Leben zu organisieren und zu finanzieren. Oft klappt es nicht, wieder festen Halt unter die Füße zu bekommen. Das Abgleiten in psychosomatische Probleme und finanzielle Schwierigkeiten schleicht sich langsam in das Leben dieser Menschen ein.

Sie haben nicht gelernt, Verantwortung zu übernehmen und eigenverantwortlich zu handeln.

Eine große Gefahr besteht darin, dass sie aufgrund ihrer Unselbstständigkeit, Gutmütigkeit und Unsicherheit von anderen Personen oder Gruppen ausgenutzt und betrogen werden können oder sogar zu unehrlichen und kriminellen Taten motiviert werden.

Wer in seinem Leben keine Chance hatte, zu lernen, für sich selbst zu denken und zu handeln, bleibt beeinflussbar, in guten wie in schlechten Situationen.

Der Nomade kommt mit angeborenem Wissen und ursprünglich, ungeteilter Energie ins Leben. Schon in der Kindheit entwickeln sich Neugier und ein starkes Gefühl für Recht und Unrecht. In Familie, Schule und Beruf geht alles scheinbar seinen normalen Weg. Der heranwachsende Nomade ist voll integriert in den Regeln der gesellschaftlichen Konventionen, der allgemein üblichen Bräuche.

Mehr oder mehr schleicht sich aber ein Gefühl ein, oder eine intuitive Empfindung, dass wir nichts vom dem sind, wofür wir uns halten oder von unserem Umfeld gehalten werden.

Man fühlt sich wie ein Wanderer in der Wüste, der ständig aufmerksam, wach und neugierig sein muss, um nicht von wilden Tieren gefressen zu werden oder in der Hitze zu verdursten.

Es gibt keine heile Welt, diese Vorstellung kann nicht aufrecht erhalten werden. Das Böse muss anerkannt werden. Betrug, Skrupellosigkeit, Ausbeutung, Sinneslust und Völlerei sind Teil des menschlichen Daseins. Der Nomade schaut zwar aufrichtig und ehrlich in die Welt hinein, führt aber auch einen ständigen Kampf mit den eigenen Gefühlen, Täuschungen, oder irgend welchen Formen der Knechtschaft, wie Illusionen.

Er weiß, dass wir alle getrieben werden von dem wilden Tier hinter unserem Rücken und schaut nicht zurück, was auch immer er hört oder fühlt, sondern geht vorwärts mit dem Wissen, die Kraft und die Stärke, sein Ziel zu erreichen, kommt nicht von außen, sie liegt in seiner eigenen Person.

Von Selbsttäuschungen mit trügerischen Hoffnungen und Vorstellungen kann er sich selbst befreien, ohne in Depressionen zu versinken. Mit Disziplin und Willensstärke kann er sich gegen Betrug, Neid und vielen unehrlichen Verlockungen schützen.

Aber nicht immer. Keine Regel ohne Ausnahme. Auch in der Wüste kämpfen Nomadenstämme gegeneinander. Betrug, Raub, Überfälle und Mord gibt es auch hier. Die erbeuteten Kamele und Schafe folgen dann dem neuen Stammesführer.

In der Wirtschaft, dem Gesundheitswesen, der Finanzwelt und im gesamten gesellschaftlichen Miteinander geht es ähnlich zu.

Die verantwortlichen Manager in allen Bereichen können friedliche und vertrauensvolle „Nomaden" sein, oder aber kämpferische Typen, nach Vorherrschaft und Macht strebend.

Hierfür sind ihnen alle Mittel legal, Bestechung, Verleumdung und Lug und Betrug. In Seilschaften eng verbunden steuern sie in mafiaähnlichen Strukturen viele Bereiche der Gesellschaft mit Arroganz und Empfindungslosigkeit.

Der „Nomade" stellt sich mit all seiner Kraft der Welt gegenüber. Im positiven Sinne sucht er dabei die Beherrschung seiner selbst, im negativen Sinne strebt er nach Gewalt über seine Umwelt.

Was hat dies mit unserem Thema „Zahlungsunfähigkeit" zu tun? Wer ein wenig über den eigenen Tellerrand hinaus schaut und die Gesellschaft als Außenseiter betrachtet, sieht Wahrheiten, die andere wegen ihres festen Platzes in der sozialen Hierarchie nicht sehen können und oft auch nicht sehen wollen. Selbst wenn wir die Nachrichten kritisch verfolgen, hören wir nur die halbe Wahrheit von den wirklichen Machenschaften in Wirtschaft, Politik und in der Finanzwelt.

Die Gesellschaft ist miteinander verwickelt wie ein dickes Knäuel aus bunten Fäden, das unentwegt durch die Zeit rollt. Es rollt und rollt und es gelingt keinem Menschen, einen roten oder braunen Faden aus der Masse zu isolieren. Ideen, Vorstellungen und Planungen von Politikern, Wirtschaftswissenschaftlern und Finanzmanagern verwickeln sich immer wieder aufs Neue und können nicht wirklich Ordnung schaffen.

Im ständigen Chaos entstehen Ideen und verwehen auch schnell wieder, ohne wirklich etwas zu bewirken, zu ändern und ohne ein brauchbares Ergebnis für die Allgemeinheit hervorzubringen.

Gute Menschen, böse Menschen, Arme, Reiche und die große Masse in der Mitte der Gesellschaft sind wie Wassertropfen im Meer. Durch Wind und Wellen werden sie aufeinander zugetrieben und wieder voneinander weggetrieben. Einer erreicht das rettende Ufer, der andere wird vom Strudel heruntergezogen und macht so Platz für Nachfolgende. Um zu überleben tritt jeder jeden und klammert sich an andere fest.

Aufgrund der Zunahme von Verantwortungslosigkeit, Charakterlosigkeit und der ungezügelten Gier nach Reichtum, Macht und Ansehen hat Geld seine eigentliche Bedeutung verloren.

Wer über seine finanziellen Verhältnisse lebt oder unfähig ist, einen kaufmännisch gut organisierten Betrieb zu führen, hat ja die Möglichkeit, Insolvenz anzumelden und die Schulden loszuwerden.

Hiermit beginnt ein gefährlicher Kreislauf, denn Geschäftspartner, vor allem Lieferanten, geraten nicht selten aufgrund der hohen Forderungsverluste selbst in finanzielle Schwierigkeiten.

Die Politik und die Fachleute aus der Wirtschaft und dem Rechtswesen sind gefordert, das große Gesellschaftsspiel mit den leicht möglichen Insolvenzanmeldungen zu beenden oder einzudämmen.

Kein Betrieb und keine Privatperson macht sich heute noch Gedanken oder empfindet Scham darüber, wenn der Insolvenzantrag gestellt wird.

Warum auch? Es gehört bereits zum Spiel, vor der Anmeldung der Zahlungsunfähigkeit, Vermögenswerte, Sachwerte und Geld, in Sicherheit zu bringen durch Unterschlagung, Auslagerung, Umschreibung auf Partner, Kinder. Die Möglichkeiten zu betrügen sind ohne Grenzen, ebenso die Erfindungsgabe und der Einfallsreichtum von Betrügern.

Die Schlussfolgerung ist klar und unmissverständlich: Zahlungsunfähigkeit, außer nicht beeinflussbare, von außen kommende Ereignisse, ist immer zurückzuführen auf ein fehlendes sittliches Verhalten, Charakterlosigkeit, Gleichgültigkeit, Verantwortungslosigkeit und ein Mangel an Disziplin bei einzelnen Personen und in der gesamten Gesellschaft.

Fehlendes Fachwissen, mangelhafte Allgemeinbildung und schlampige Organisation sind auch Zeichen von Verantwortungslosigkeit und Gleichgültigkeit.

> „Der Mensch ist nur das,
> wozu ihm die Gedanken machen,
> denen er gestattet, seinen Geist zu beherrschen".

Es läst sich kaum mit gewöhnlichen Worten beschreiben, wie sehr unsere Gesellschaft entartet ist und zu einer gefährlichen Masse wird. Doch auch der Weg in den Abgrund ist ein mühsamer, langsamer Weg.

Aus meinem Gedichtsband „Mein Kopf ist wie ein Vogelnest" aus dem Jahr 2003 zitiere ich das letzte Gedicht:

Endlich ausruhen

Heute war ich wirklich faul,
komme mir vor, wie ein alter Gaul,
der mühsam trottet vor sich,
ohne Ziel und ohne Sinn.

Vollgestopft sind zwar die Tage,
viele Termine, sehr viel Plage.
Verhandlung, Besprechung, Diskussion,
nur Probleme, wenig Lohn.

Doch ich lass das alles geschehen,
denn es geht so, wie es muss gehen.
Jeden Tag stets neue Pleiten,
so werden wir zum Abgrund schreiten.

Das Leben ist halt, wie es ist,
die Politiker machen immer nur Mist.
Deutschland ist ein Gülleloch,
wie du auch rührst, es stinkt doch.

Darum will ich mich endlich ausruh'n
Und wirklich einfach nichts mehr tun.
Zeit zu empfinden, dass ich bin,
bevor mein Leben schwindet dahin.

Zum Ausruhen bin ich bisher, auch nach zehn Jahren, nicht gekommen. Das Gülleloch in Deutschland füllt sich aber mehr und mehr. Doch die Hoffnung stirbt zum Schluss. Die jüngere Generation, unter 45 Jahren oder sogar unter 40 Jahren, wird hoffentlich den Mut aufbringen und die Kraft haben, die Regeln der verkrusteten gesellschaftlichen Konventionen zu durchbrechen und mit fester, standhafter Haltung und ethischen Charakterzügen, die Gesellschaft von unten her zu erneuern. Von oben ist nichts zu erwarten.

Eine positive Veränderung in der Gesellschaft, mit dem Gedanken der Verantwortlichkeit für die nächsten Generationen, kann nur von der Basis her gelingen. Die Erneuerung der Gesellschaft kommt von Menschen, die ihr Leben vor sich haben und sich für die Zukunft etwas anderes vorstellen, als Gier und Skrupellosigkeit bei der Ausbeutung von Ressourcen, wie Geldmittel, Rohstoffe und Kraftquellen.

Neben der schlechten Zahlungsmoral gibt es noch viele Übel, die ausgemerzt werden müssen. Auch wenn die Dualität bestehen bleibt, die Wechselseitigkeit zwischen Tag und Nacht, hell und dunkel, gut und böse, gibt es Aussicht auf eine Erneuerung der Gesellschaft. Der ursprüngliche Sinn des Lebens ist gut und wird siegen.

Schwierigkeiten und Probleme mit Zahlungsmitteln aller Art ist keine Erfindung der heutigen Zeit.

Viele große und weise Menschen vor uns, ob Künstler, Wissenschaftler oder Industrielle mussten sich immer wieder im Laufe ihres Lebens mit den elendigen Geldsorgen herumschlagen.

Friedrich von Schiller (1759 – 1805) schreibt:

„Meine Schulden verbittern mir das Leben, und bei dieser Seelenlage ist es ganz und gar um schriftstellerische Tätigkeit getan."

Es gibt aber auch Trost von *Johann Pestalozzi (1746-1929):*

„Du wirst immer finden, dass wer viel in Not und Sorgen war, mehr ist, mehr kann und mehr wird, als die Menschen ohne Sorgen".

Wenn wir jetzt noch die Frage stellen, ist es gerecht, dass es auf der Welt wenige sehr reiche Menschen gibt und viele sehr arme, gibt uns *Thomas von Aquin (1225 – 1274)* eine Antwort:

„Auf zweifacher Weise wird die Gerechtigkeit verdorben: durch die falsche Klugheit der Weisen und durch die Gewalt dessen, der die Macht hat."

Ich wünsche allen Lesern
viel Kraft und Stärke,
in den vielschichtigen
und vielfachen
gesellschaftlichen
Konflikten und Prozessen,
die eigene Identität zu bewahren
und Schwierigkeiten zu meistern.

Johanna Sameit

Geboren bin ich 1937 in der Nähe von Iserlohn, Westfalen. 1939 siedelten wir um nach Stolp, Pommern und kamen 1948 über Umwege wieder zurück nach Quakenbrück, Niedersachsen, später wieder nach Iserlohn.

Nach Beendigung meiner Schul- und Lehrzeit ging ich nach Süddeutschland, zunächst nach Grenzach (1959), in der Nähe von Basel, und 1971 nach Ulm.

Als Industriekauffrau, Bilanzbuchhalterin und Fachkauffrau für Organisation beschäftige ich mich seit über 50 Jahren mit Organisationssystemen in unterschiedlichen Branchen und Firmengrößen, vor allem mit den Menschen in diesen Systemen.

Mein Autorenname ist mein Geburtsname, ich heiße jetzt Mahmutovic. E-Mail: johanna-sameit@t-online.de

Meine bisherigen Bücher:

Meine Welt bin ich
Stationen eines bewegten Lebens

ISBN 978-3-8311-4713-7, HC, 68 S., € 13,80 (2003)

In meinem ersten Buch erzähle ich die Geschichte meines Lebens. Es ist eine Reise durch Deutschland. Mein Motto: „Nie vor der Zeit unglücklich sein, sondern einfach den Weg gehen, der vor uns liegt". Ein Kind kann die Weltgeschichte nicht beeinflussen, aber sie beeinflusst das Leben des Kindes. Zunächst gut behütet, entsteht ein Chaos als Beginn eines langen Weges. Diesen Weg bin ich gegangen, mit der festen Überzeugung: Es gibt keinen Zufall, auch das scheinbar Zufälligste ist ein auf weitem Wege herangekommenes Notwendiges. So denke ich und lebe danach.

Mein Kopf ist wie ein Vogelnest
Gedanken und Gedichte

ISBN 978-3-8330-0588-6, HC, 64 S., € 13,80(2003)

Was ist mein wirkliches Leben? Die tägliche Arbeit, immer fit sein? Oder meine Träume und Sehnsüchte? Nur eine Harmonie zwischen diesen beiden Polen kann Lebensenergie aufbauen und Lebensfreude erzeugen. Meine Gedichte haben mir geholfen, mich vom täglichen Ballast zu befreien und den ewigen Kreislauf von Sonnenaufgang und Sonnenuntergang zu verstehen, nach dem Motto: „Der größte Fantast ist der beste Realist".

Chaos in Germany
Unterwegs in den alten und neuen Bundesländern

ISBN 978-3-9809780-0-2, PB, 104 S., € 9,90 (2004)

„Chaos in Germany" ist eine spannende und ereignisreiche Reise durch die Probleme unserer Gesellschaft nach der Wiedervereinigung. Es gewährt Einblicke in die Tagesgeschäfte von Politik und Wirtschaft mit dem Streben nach Macht und Profilierung.
Johanna Sameit schildert lebensnah und unkompliziert ihre persönlichen Beobachtungen und Erfahrungen während ihrer Tätigkeit als Bilanzbuchhalterin und Fachkauffrau für Organisation, vor allem während ihrer Beschäftigung in der Insolvenzverwaltung in den neuen Bundesländern in der Zeit von 1991 bis 2002.

Selbstständig und erfolgreich
Hilfe für die kaufmännische Verwaltung in
Einzelunternehmen und Kleinbetrieben

ISBN978-3-9809780-3-3, PB, 148 S., € 15,30 (2007)

Bedarf an Informationen über die kaufmännische Grundverwaltung haben kleine Gewerbetreibende, freiberuflich tätige Personen und auch Privatpersonen. Mit den Ergänzungen von Tabellen und Grafiken und der übersichtlichen Beschreibung der Einnahmen-Überschussrechnung ist dieses Buch eine kompetente Hilfe für jeden Steuerpflichtigen.
Mit etwas Disziplin und Eigenverantwortung können ohne viel Aufwand die eigenen Unterlagen und Geschäftsdaten so verwaltet werden, dass ohne viel Mühe am Jahresende der Abschluss erstellt werden kann.
Ein Spezialist zu sein genügt nicht mehr. Nur mit konsequenter Selbstverwaltung behält jeder die notwendige Übersicht und kann dem harten Wettbewerb standhalten.

Coaching
Für Existenzgründer und Unternehmer

ISBN 978-3-8423-1913-4, PB,144 S., € 18,40 (2010)
(auch als e-book erhältlich)

Wie schaffen wir es, mit unseren Einzigartigkeiten und unseren Fähigkeiten im Dschungel des Lebens zurechtzukommen, nicht im Gestrüpp stecken zu bleiben, sondern gelassen und zufrieden zwischen den Baumkronen zu stehen und die Welt aus einer anderen Perspektive zu betrachten?
Coaching ist eine Möglichkeit für eine fachlich und sachlich kompetente Begleitung in beruflichen und persönlichen Lebensfragen.
Das Buch bietet ein Grundcoaching in vielen wirtschaftlichen, organisatorischen, finanziellen und psychologischen Fragen.

Neuauflage 2013

Immer wieder schwarze Löcher
Wege zwischen Wunsch und Wirklichkeit

ISBN 978-3-8482-5991-5
PB, 112 S., € 11,80
(2013 – Erstauflage 2006)
(auch als e-book erhältlich)

Die Wege zwischen Wunsch und Wirklichkeit sind wie Straßen mit vielen Windungen und Kreuzungen in unserer Gefühlswelt.

Neid, Eifersucht, Enttäuschungen und falsche Vorstellungen von uns selbst, und unberechtigte Sorgen plagen uns ständig und versperren die klare Sicht für ein glückliches Leben.

Immer wieder werden wir Opfer unserer eigen Erwartungen und Vorstellungen. Starke Gefühle überrumpeln uns und stürzen uns in ein tiefes, schwarzes Loch. Nur mit Disziplin und gefühlvollem Umgang mit uns selbst und unseren Mitmenschen können wir ein glückliches Leben führen.

Patentrezepte gibt es nicht. Jeder muss seinen Weg finden. Dieses Buch soll aber zum Nachdenken anregen und behilflich sein bei der Ideenfindung auf dem Weg zur Selbstverwirklichung und zur Erreichung von Harmonie zwischen Geist, Gehirn und Psyche als Basis für ein erfülltes und zufriedenes Leben.